AF620165

# STATUTS
## DES MAISTRES
## POTIERS DE TERRE
## CARLEURS
### De la Ville & Fauxbourgs de Paris.

# STATUTS
## ANCIENS ET NOUVEAUX,
*Registrés en Parlement,*
## ARRESTS, SENTENCES ET REGLEMENS
CONCERNANT LA COMMUNAUTÉ DES MAISTRES
## POTIERS DE TERRE, CARLEURS
DE LA VILLE ET FAUXBOURGS DE PARIS.

*Imprimés à la diligence de NICOLAS FONTAINE, GERMAIN BOUTET, JACQUES DUFRESNOY & NICOLAS LOUETTE, Jurez, Gardes en Charge en mil sept cens cinquante-deux.*

A PARIS,
De l'Imprimerie de PRAULT pere, Quay de Gêvres, au Paradis.

M. DCC. LII.

# TABLE

## *DU CONTENU EN CE VOLUME.*

Contre

EXTRAIT

# EXTRAIT DES REGISTRES

## *ESTANT EN LA CHAMBRE de Monsieur le Procureur du Roy au Châtelet de Paris, au Livre ou Registre appellé petit cahier, folio 38, 39 & 41, recto & verso, sont enregistrées les Ordonnances & Statuts qui ensuivent.*

*Septembre 1456.*

CHARLES par la grace de Dieu, Roy de France; Sçavoir faisons à tous presens & à venir, avoir vû les Lettres Patentes scellées du scel de la Prevosté de Paris, données en datte le Samedy dixiéme jour de Juillet, l'an de grace mil quatre cens cinquante-six; contenant notamment Statuts & Ordonnances naguieres ſaits & adjugez par M. le Prevoſt de Paris, par l'aveu & déliberation de nos Avocats, Procureurs & autres Conſeillers en notre Châtelet de Paris, ſur le fait du métier & marchandiſes de Pottiers de terre de notre Ville de Paris & Banlieuë d'icelle, pour le bien & l'utilité dudit métier & de la choſe publique, en la preſence & de l'accord & conſentement des Maiſtres & Ouvriers dudit métier, deſquelles Lettres la teneur enſuit. A tous ceux qui ces preſentes Lettres verront, ROBERT DESTOUTEVILLE, Chevalier Seigneur de Bayne, Baron d'Ivry & de ſaint Andrien en la Marche, Conſeiller & Chambelan du Roy notre Sire, & Garde de la Prevoſté de Paris, Commiſſaire donné & député de par le Roy ſur le fait des métiers & marchandiſes de la Ville de Paris; SALUT, commis auroit pour icelui Seigneur, à cauſe de notre Office & par Privileges Royaux appartiennent la Police, Gouvernement & Décoration de la Ville & Banlieuë de Paris, & aussi mettre, & avoir la connoissance, garde & réformation de & sur tout les métiers de ladite Ville & Banlieuë de Paris; Les danrées & marchandises qui sont amenées, conduites, arrivées, venduës & distribuées en icelle Ville, qui est la Ville Capitale de ce Royaume, & qui doit être miroir & exemple en bonne Justice, Police & gouvernement sur toutes autres Citées & bonne Ville de ce Royaume; & il soit ainsi que certains Registres, Constitutions & Ordonnances eussent pû être faits au métier & marchandises des Pottiers de terre de la Ville de Paris: lesquels Registres, Constitutions & Ordonnances eussent deslors été transcrits ès Registres de la Cour du Châtelet de Paris; & pour ce que audit métier & marchandises & à la maniere de l'usage & Gouvernement d'icelui, a de present divercifications, eû égard au longtemps que furent faites lesdits anciens Regiſtres, Conſtitutions & Ordonnances, & ſont les choſes moult changées depuis, & que pluſieurs perſonnes d'autres métiers & marchandiſes s'efforcent eux entremettre dudit métier de Pottier de terre, qui eſt un petit métier de plaiſance : pourquoy les Pottiers de terre de ladite Ville & Banlieuë de Paris, ſont de preſent tous pauvres, & à peine peuvent vivre de leurdit métier; & pour pourvoir & remedier à ce & aux grandes fraudes, abus & malefices qui ont été faits le temps paſſé audit métier & marchandiſes, & que l'on commet chacun jour en icelui : les prudes-hommes dudit métier euſſent convenu enſemble, afin de réformer, tenir & maintenir de bien & mieux icelui métier & marchandiſes au profit & utilité dudit métier & marchandiſes & de la choſe publique, & ſur ce ayent aviſez entre eux certains points & articles, leſquels nous ont été baillez par eux par écrit ſous la forme qui enſuit : C'eſt le Regiſtre & Ordonnances que requiert la Communauté des Pottiers de terre de la Ville de Paris, être faite ſur leur métier & marchandiſes, en corrigeant & ajoûtant à leur ancien Regiſtre : lequel Regiſtre & Ordonnance tous les Maiſtres dudit métier ont regardé & aviſé en leurs conſciences eſtre profitable pour le Roy notre Sire, leurdit métier & la choſe publique.

Premierement, quiconque voudra eſtre reçû & paſſé Maiſtre dorénavant dudit métier de Pottier de terre en la Ville & Faubourg de Paris, tenir ouvriers & vendre toutes danrées & marchandiſes dudit métier, eſtre & faire le pourra, pourvû qu'il ait eſté apprenty ſix ans audit métier ; & que préalablement il ſoit trouvé expert & ſuffiſant audit métier par les Jurez d'icelui, & tel rapporté & témoigné par iceux Jurez devant le Prevoſt de Paris, & qu'il ſoit homme de bonne vie renommée &

honneſte converſation, & en payant pour l'entrée dudit métier vingt ſols pariſis au Roy notre Sire, vingt à la Confrerie dudit métier, & vingt ſols auſdits Jurez.

I I.

*Item.* Les Pottiers de terre de la Ville & Fauxbourg de Paris pourront avoir & tenir dorénavant avec eux un apprenty & non plus, avec leurs enfans, ſi aucuns en ont, nez en loyale mariage, qui ne leurs tiendront lieu d'apprenty, & ne pourront tenir ledit apprenty à moins de ſix ans d'apprentiſſage, ſur peine de vingt ſols pariſis d'amende, à appliquer la moitié au Roy, & l'autre moitié à la Confrerie & Jurez dudit métier; & ſera tenu le Maiſtre, prenant apprenty, de faire enregiſtrer la Lettre dudit apprentiſſage pardevers les Maiſtres, & où papier de ladite Confrerie dedans huit jours, après qu'il aura pris ledit apprenty ſur ladite peine, afin que le Maiſtre ni l'apprenty n'en ſoient deceus, & doit icelui Maiſtre à la Confrerie pour l'entrée dudit apprentiſſage cinq ſols pariſis.

## I I I.

*Item*. Si icelui apprenty ſe départ ou defait de ſondit ſervice ou apprentiſſage avant ſondit terme de ſix ans finis & accomplis contre le gré & volonté de ſondit Maiſtre, nul autre d'icelui métier ne le poura fortraire, mettre, en tenir en beſogne, ſans avoir contenté & ſatisfait ſondit Maiſtre, ſur peine de vingt ſols pariſis d'amende, à appliquer la moitié au Roy, le quart à la Confrerie, & l'autre quart aux Jurez.

## I V.

*Item*. Et par ſemblable aucun vallet ou alloué à aucun Maiſtre dudit métier, à temps & terme, ne le pourra départir de ſondit ſervice, ne laiſſer ſondit Maiſtre outre ſon gré & volonté, pour aller ſervir audit métier, ſoit à Paris ou ailleurs, juſqu'à ce qu'il ait parfait ſondit ſervice; & avant qu'il ſe départe de ſondit ſervice ; ſera tenu le faire ſçavoir à ſondit Maiſtre, un mois devant ſon département, à ce que ledit Maiſtre ne demeure dépourvû de valet, ſur peine de vingt ſols pariſis d'amende, à appliquer comme deſſus ; & ſemblablement aucun Maiſtre dudit métier ne le poura fortraire, ni mettre en ſon Hoſtel, ni ailleurs, juſqu'à la fin dudit ſervice, ſur ladite peine.

V.

*Item.* Aucuns valets ni ouvriers dudit métier qui viendront de dehors pour ouvrer & beſogner dudit métier en cette dite Ville & Fauxbourg de Paris, ſeront mis & pourvûs par les Jurez dudit métier avec aucun Maiſtre dudit métier qui en auront beſoin ; & en ſeront pourvûs les Maiſtres qui n'auront aucun vallet paravant ceux qui en ſeront fournis, & qui fera le contraire, payera dix ſols pariſis d'amende, à appliquer comme deſſus.

V I.

*Item.* Pour ſoûtenir ladite Confrerie

dudit métier les ornemens, luminaire, & faire dire les Messes qui par chacune semaine sont dites & celebrées en ladite Confrerie pour tout le métier; un chacun Maistre d'icelui métier tenant ouvroir en ladite Ville & Fauxbourgs de Paris, payera & sera tenu de payer par chacune semaine à icelle Confrerie au Maistre & Gouverneur d'icelle trois deniers tournois; & semblablement chacun vallet gaignant argent dudit métier, payera à ladite Confrerie par chacune semaine deux deniers tournois; supposé qu'en la semaine il ne besognast que deux jours entiers en quelque ouvrage & marchandise dudit métier que ce soit, sera tenu le Maistre sur qui sera demeurant ledit vallet de répondre pour sondit vallet, & de payer, porter ou envoyer à ladite Confrerie & aux Gouverneurs d'icelle, en afin de chacun mois ce qu'il en devra, tant pour lui comme pour ses vallets, qu'il aura sur peine de deux sols parisis d'amende à payer par ledit Maistre au profit de ladite Confrerie, & rabattera ledit Maistre à sesdits vallets ce qu'il aura payé pour eux à ladite Confrerie.

VII.

*Item.* Nuls vallets servans ne pouront ouvrer, ni besogner dudit métier en leurs Hôtels ni chambres, ni tenir roües assises à tourner, pots ni pieux fichez, sur ladite peine de vingt sols parisis, à appliquer comme dessus.

VIII.

*Item.* Nul quel qui soit, soit Maistre dudit métier ou autre vendant en ladite Ville ou Fauxbourgs de Paris, aucuns ouvrages dudit métier de potteries, soient pots, bouteilles ou autres ouvrages, tant de la façon de cette Ville de Paris, de potterie nommée de Beauvais, comme autres, ne pourront icelles danrées, ouvrages ou marchandises dudit métier embourser, allumer ni étouper; car l'emboursement est fait de chaux & d'œufs, ne les étouper de fromages, cire, ſuif, ni autre ſophiſtication qui ſont déceptceu non ſuffiſans, & pour decepvoir les perſonnes; mais ſeront leſdits ouvrages reſtoupez & refaits par les ouvriers dudit métier de bonne & ſuffiſante plommez & ramis comme il appartient, ſur ladite peine de vingt ſols pariſis à appliquer comme deſſus.

IX.

*Item.* Nuls dudit métier, ſoit Maiſtre ou vallet, ne pourront ouvrer, ne beſogner dudit métier, ſoit pour tourner ſur roües pour avancer, ne poura faire autre choſe appartenant audit métier de nuit; c'eſt à ſçavoir depuis la ſaint Remy, juſqu'au premier jour de Mars par chacun jour, devant cinq heures du matin, ne depuis ſept heures au ſoir, ni en autre temps de nuit à la chandelle, ſur ladite peine de vingt ſols pariſis, fors tant que leſdits Pottiers, aprés ce qu'ils auront enfournez leurs pots & deſtoupez leurs fours de gaſtelement, pouront, ſi bon leurs ſemblent, boutter leur feu en leurs fournaux pour cuire leurs pots, & d'effourner à toutes heures que bon leur semblera sans offense.

X.

*Item.* Aucuns dudit métier ne pouront dorénavant ouvrer, ne besogner dudit métier depuis douze heures du jour ès jours de Samedy, ne en Vigiles de Noël, de l'Ascension de Notre Seigneur, de la Feste de Dieu, ne en Vigiles des cinq Festes de Notre-Dame, de saint Jean-Baptiste, ne de la Toussaints, aux Dimanches, ne aux jours desdites, ny aux jours des Festes des Apostres, sur peine de cinq sols parisis d'amende, à appliquer comme dessus esdits jours de Samedy, ni des Vigiles des Festes dessus dites : Les vallets dudit métier ne seront payez que de demie journée, & en cette Ordonnance ne sont en rien compris les apprentifs du métier, lesquels peuvent ouvrer à toutes heures & toutefois que bon leur semblera, pour apprendre & faire jolivetez

& ſubtilitez dudit métier; pourvû qu'ils ne faſſent rien pour vendre comme feroit un apprenty à prindre ou à écrire.

X I.

*Item.* Nuls Maiſtres dudit métier demeurans dans ladite Ville & Fauxbourgs de Paris, ne doivent rien de choſes qui vendent ou achettent en leurs Hoſtels qui appartiennent ou ſoit des appartenances dudit métier.

X I I.

*Item.* Auſſi ne doivent iceux Pottiers aucuns péages ou coûtumes de choſes qui portent à leur col qui ſoit des appartenances dudit métier.

X I I I.

*Item.* Nuls qui s'entremettent de faire & vendre danrées ou marchandiſes dudit métier, ne pouront comporter ou faire comporter, vendre, ni faire aſſiette par les rues & voiries de ladite Ville de Paris, ne ailleurs qu'en leurs Hoſtels, de maiſons aucunes danrées ni marchandiſes dudit métier; mais bien peuvent porter leurs danrées ès halles de Paris pour vendre au jour de Samedy en la place, & ainsi qu'ils ont accoûtumé, sur peine de vingt sols parisis d'amende, à appliquer comme dessus.

XIV.

*Item.* Si aucun Pottier de terre porte ses pots au marché pour vendre, il doit trois sols l'an de coûtume à payer au Roy, moitié à Pasques, moitié à la saint Remy pour leur place, & doit chacun Pottier chacun Samedy, s'il a pots au marché, un pot de maille, de toutlieu vendu ou non vendu, ou deux pots qui vaillent maille; & si ledit Pottier portoit ou faisoit porter ses pots au marché, il ne devroit nuls des trois sols ni nuls des pots de maille.

XV.

*Item.* Que tous Marchands amenans, & qui feront amener & conduire en cette ville de Paris aucuns ouvrages, danrées ou marchandises dudit métier de Potterie, seront tenus icelles danrées ou marchandiſes deſcendues & faire deſcendre, & arriver eſdites halles de Paris en la place à ce accoûtumée, ſans les deſcendre ni aux Fauxbourgs, ni ailleurs dedans Paris, & ne pouront icelles deſlier ni deffardeller, montrer ni dépoſer en vente en quelque maniere que ce ſoit, juſqu'à ce que icelles danrées, ouvrages & marchandiſes ayent eſté veuës & viſitées par leſdits Jurez; à ſçavoir ſi icelles danrées & marchandiſes ſont bonnes & ſuffiſantes pour eſtre venduës en cette Ville de Paris, ſur peine d'amende arbitraire, & de confiſcation deſdites danrées & marchandiſes à appliquer comme deſſus; & ſi leſdites danrées, ouvrages & marchandiſes n'étoient trouvées bonnes & ſuffiſantes, ne ſeront tollerées ni ſouffertes eſtre venduës en ladite Ville & Banlieuë de Paris, leſquels Jurez pour faire ladite viſitation, auront pour leurs ſallaires de viſiter leſdites danrées: c'eſt à ſçavoir de chacun chariot deux ſols pariſis, de la charette ſeize deniers pariſis, & de cheval huit denier pariſis, & au fur l'emplaige.

XVI.

*Item.* Tous Pottiers de terre vendans danrées dudit Métier ès Halles de Paris au jour de Samedy, ſeront dorénavant tenus de tournoyer & changer place à tour par chacun Samedy de l'an, ſur peine de quarante ſols pariſis d'amande à appliquer comme deſſus.

XVII.

*Item.* Nuls quels qui ſoient ne pourront ouvrer ni faire ouvrer, ni vendre ou faire vendre en la Ville & Fauxbourgs de Paris, aucuns ouvrages, danrées ou marchandiſes dudit Métier de Potterie, s'ils n'ont eſté ou ſoient receus ou paſſez Maiſtres audit Métier, & qu'ils ayent payé les droits & devoirs pour ce deus comme deſſus eſt dit, fors & excepté aucuns qui ont & auront pris & acheté Lettres du Roy notre Sire pour revendre pots, leſquels peuvent & pourront

pourront ſeulement revendre en ladite Ville & Fauxbourgs de Paris, ouvrages & marchandiſes dudit Métier, nommé communément de Beauvais, comme bouteilles, pots à boire, godets, & autres tels ouvrages accoûtumez à amener, ſur peine de confiſcation deſdites danrées, & d'amande arbitraire à appliquer comme deſſus, laquelle Lettre un chacun qui voudra avoir la franchiſe de vendre leſdits pots & ouvrages, ſera tenu acheter du Roy notre Sire, ou de ſon Receveur à Paris pour lui, & payera pour icelle Lettre vingt ſols pariſis au Roy notre Sire, vingt ſols pariſis à la Confrerie dudit Métier, vingt ſols auſdits Jurez.

## XVIII.

*Item*. Pour garder les Conſtitutions & Ordonnances des ſuſdites, & faire tenir en leurs termes, ſeront créez Commis & Prépoſez inſtituez & établis, dorénavant par le Prevoſt de Paris par chacun an, par le conſentement des Prud'hommes dudit Métier, & du Procureur du Roy notre Sire au Chaſtelet de Paris, quatre Prud'hommes d'icelui Métier, ſuffiſance & prud'hommie pour ledit Métier garder & pour obſerver & viſiter leſdites danrées, ouvrages & marchandiſes d'icelui : leſquels feront ſerment ſolemnel pardevant le Prevoſt de Paris, de bien & diligemment, & garderont leſdites Ordonnances, & viſiteront ledit Métier, ouvrages & marchandiſes d'icelui, & toutes les fautes & méprentures qu'ils trouveront & ſçauront eſtre faites & commiſes contre leſdites Ordonnances, ils rapporteront au Prevoſt de Paris, ou au Procureur du Roy notre Sire au Chaſtelet de Paris, pour en faire ce que de raiſon. Les deux deſquels Jurez feront chacun an changez, & aucuns d'eux mis deux autres Jurez nouveaux avec les deux Anciens qui viſiteront ledit Métier, ouvrages & marchandiſes d'icelui, ainſi eſt en la maniere que dessus est dit. Requerans lesdits Potiers de terre, iceux Statuts & Articles estre enregistrez ès Registres où l'on a accoûtumé de regîtrer les Statuts & Ordonnances des métiers de ladite Ville de Paris, & des danrées & marchandises qui y sont amenées & conduites & arrivées pour estre tenues & gardées de point en point sans enfraindre de tous ceux & ainsi qu'il appartiendra, sur les peines dedans contenues : sçavoir faisons, que ouy ladite Requeste, Veu lesdits points & articles dessus transcrits ; Veu aussi & éxaminé lesdits anciens Registres & Ordonnances, pris l'affirmation de tous les Potiers de terre de ladite Ville, qui ont témoigné & affirmé lesdits points & articles dessus transcrits estre bons & utils, profitables & necessaires pour ledit Métier & la chose publique. Nous par l'avis & déliberation de notre Lieutenant Civil, Procureur & Avocats du Roy notre Sire audit Chastelet, & autres gens de Conſeil pour ce preſens, & appellez à ce, avons ordonné & ordonnons les points & articles cy-deſſus tranſcrits comme bons, utiles, profitables & valables pour le fait dudit Métier & marchandiſes de Potiers de terre & de la choſe publique; & comme tels, vaudront, tiendront & ſeront tenus & gardez ſans en enfraindre en aucune maniere de & ſur les peines contenues en chacun deſdits articles, en admettant par ceſdites Preſentes, les points & articles de l'ancien Regiſtre dudit Métier, dérogeant du contenu és Ordonnances deſſus contenues en icelles, accroiſtre & diminuer toutes fois & quantes qu'ils verront eſtre expedient pour le bien de la choſe publique. En témoin de ce Nous avons fait mettre à ces Preſentes le Scel de ladite Prevoſté de Paris, le dixiéme jour de Juillet, l'an de grace mil quatre cens cinquante-ſix: leſquelles Lettres deſſus tranſcrites, & tous les points & articles contenus en icelles, Nous avons loué, gréé, ratifié, confirmé & approuvé, & par ces Préſentes, de notre grace ſpéciale, pleine puiſſance & autorité royale, louons, gréons, ratifions, confirmons & approuvons, & les avons agréables de point en point ſelon leur forme & teneur.

SI DONNONS EN MANDEMENT par ces mêmes Préſentes à notredit Prevoſt de de Paris, qui a la garde & connoiſſance de & ſur tous les métiers & marchandiſes de ladite Ville & Banlieuë de Paris, & à tous nos autres Juſticiers & Officiers ou à leurs Lieutenans préſens & avenir, & à chacun d'eux, ſi comme à lui appartiendra, que leſdites Ordonnances & Statuts ils, & chacun en droit ſoi, faſſent tenir & garder & obſerver de point en point, ſelon leur forme & teneur, ſans enfraindre, en puniſſant les infracteurs ou faiſant, ou qui s'efforceroient de faire & tenir contre la teneur d'icelles, à nous payer les amendes dont en icelles eſt fait mention ou autre, tel qu'il appartiendra, & ſelon l'exigence des cas, & que icelles Ordonnances & Statuts ils faiſent publier & enregiſtrer en leurs Auditoires, par tout ailleurs où il appartiendra, à ce qu'aucun n'en puiſſe prétendre cauſe d'ignorance ; & afin que ce ſoit choſe ferme & ſtable à toûjours, nous avons fait mettre & apposer notre Scel à ces Préſentes, ſauf en autre choſe notre droit & l'autrui en toutes, & donné à Gannat au mois de Septembre l'an de grace mil quatre cens cinquante-ſix, & de notre Regne le trente-quatriéme, ainſi ſigné par le Roi à la Relation des Gens de ſon Conſeil, ſigné par collation, FITE, avec paraphe.

## NOUVEAUX STATUTS du mois de Janvier 1605.

*Ce ſont les Ordonnances & Statuts des Maiſtres Pottiers de Terre de cette Ville, Fauxbourgs, Banlieuë, Prevoſté & Vicomté de Paris, qu'ils entendent eſtre tenus, gardez & obſervez entre eux ſur les peines & amende y contenues.*

ARTICLE PREMIER.

Premierement, quiconque voudra eſtre reçu & paſſé Maiſtre dorénavant du métier de Potrier de terre, faiſant carreau grand, petit & échantillé de terre cuitte ès paveur dudit carreau en la Ville, Fauxbourgs, Banlieuë, Prevoſté & Vicomté de Paris, tenir ouvroir, vendre toutes danrées, marchandiſes dudit métier, eſtre & faire le pourra, pourvu qu'il ait été apprenty quatre ans dudit métier avec un Maiſtre dudit métier en ladite Ville de Paris, & qu'il ait ſervi les Maiſtres autres quatre ans après ledit apprentiſſage, eſtant préalablement trouvé & reconnu expert & ſuffiſant audit métier par les Jurez d'icelui, & tel rapporté & témoigné par iceux Jurez & préſenté en Juſtice pour faire par lui le ſerment en tel cas requis & accoutumé, & payera les droits & devoirs au Roi, à la Confrerie, & aux Jurez.

II.

*Item.* Lesdits Pottiers de terre faisant carreau grand & petit, & échantillé, & paveur dudit carreau de terre cuite de la Ville, Fauxbourgs, Banlieuë, Prevosté & Vicomté de Paris, pourront avoir & tenir dorénavant avec eux un apprenty, & non plus avec leurs enfans, si aucuns ils sont nez en loyal mariage, qui ne leur tiendront lieu d'apprenty, & ne pourront tenir lesdits apprentifs à moins de quatre ans d'apprentissage, sur peine de vingt sols parisis d'amende, à appliquer la moitié au Roy, & l'autre moitié à la Confrairie & Jurez dudit métier; & s'il y a enfans nez auparavant ladite maistrise, ne pourra estre reçû Maistre, qu'il n'ait fait apprentissage hors d'avec son pere, & sera tenu ledit Maistre, prenant apprentif, de faire enregistrer la Lettre dudit apprentissage pardevant les Maistres, & au papier de ladite Confrerie dedans huit jours après qu'il aura pris ledit apprenti sur ladite peine, afin que les Maiſtres & ledit apprenty n'en ſoient deceus, & doit icelui mettre à la Confrerie pour l'entrée dudit apprentiſſage cinq ſols pariſis.

III.

*Item*. Et ſi icelui ſe départ de ſon ſervice & apprentiſſage avant ſondit terme de quatre ans accomplis, outre le gré & volonté de ſondit Maiſtre, nul autre Maiſtre dudit métier ne le pourra prendre ni retirer, mettre ni employer en beſogne, ſans avoir contenté & ſatisfait ſondit Maître, & de ſon conſentement, ſur peines de quarante-huit ſols d'amende, à appliquer la moitié au Roi, un quart à ladite Confrerie, & l'autre quart auſdits Jurés; & ſera tenu ledit Maiſtre auquel ledit apprenty eſtoit auparavant obligé, avertir les Jurez dudit métier qu'il ſera ſorti de ſon ſervice, afin de ſçavoir la raiſon pourquoi il eſt ſorti, & retenir le jour pour parachever le temps de ſon apprentiſſage, à ce qu'il n'y ait aucun abus.

IV.

*Item.* Et par ſemblable aucun valet, ſerviteur loué ou à louer à aucun Maiſtre dudit métier à temps & terme, ne ſe pourra départir de ſondit ſervice outre ſon gré volonté, pour aller ſervir autre Maiſtre dudit métier, ſoit à Paris ou ailleurs, juſqu'à ce qu'il ait parfait ſondit Service; & avant que de ſe départir de ſondit ſervice, ſera tenu de le faire ſçavoir à ſondit Maiſtre un mois devant ſon départ, à ce que ſondit Maître ne demeure dépourvû de valet & ſerviteur, ſur peine de quarante-huit ſols pariſis d'amende, à appliquer comme deſſus; & ſemblablement aucun Maiſtre dudit métier ne le pourra prendre ni mettre en beſogne en ſon Hoſtel, ni ailleurs, juſqu'à la fin dudit ſervice, ſur pareille peine.

V.

*Item.* Quand aucuns valets, ſerviteurs & ouvriers dudit métier de Pottiers, faiſant carreau grand & petit, échantillé de terre cuite, & pavement d'icelui, viendront de dehors pour ouvrer & besogner dudit métier en cette Ville, Fauxbourgs, Banlieuë, Prevosté & Vicomté de Paris, seront mis & pourvûs par les Jurez dudit métier avec aucuns Maistres d'icelui qui en auront besoin, & en seront pourvûs les Maistres qui n'auront aucuns valets & serviteurs paravant autres qui en seront fournis, sans qu'aucun se puisse dire Compagnon dudit métier, s'il ne montre son brevet d'aprentissage, ni aussi pareillement qu'aucuns Maistres dudit métier puissent tenir aucun Compagnon, sans qui lui soit apparu de sondit brevet d'apprentissage qu'il communiquera ausdits Jurez d'icelui métier; & qui fera le contraire, payera dix sols parisis d'amende, à appliquer comme dessus, & ne pourront les Maistres dudit métier avoir plus de valets & serviteurs les uns que les autres.

VI.

*Item*. Pour ſoutenir ladite Confrerie dudit métier, les ornemens, luminaire, & faire dire les Meſſes, qui par chacune ſemaine ſont dites & célébrées pour ladite Confrerie pour tout ledit métier, un chacun Maiſtre d'icelui tenant ouvrouers en ladite Ville & Fauxbourgs de Paris, payera & ſera tenu de payer par chacune ſemaine en icelles Confrerie aux Maiſtre & Gouverneur d'icelle douze deniers tournois; & ſemblablement chacun valet, ſerviteur & ouvrier gagnant argent dudit métier, payera à ladite Confrerie par chacune ſemaine ſix deniers tournois, ſuppoſé qu'en la ſemaine il ne beſogne que deux jours entiers en quelque ouvrage ou marchandiſes dudit métier que ce ſoit, & ſera tenu le Maiſtre au logis duquel ſera demeuré ledit valet, répondre pour ſondit valet, & de payer, porter ou envoyer à ladite Confrerie & au Gouverneur d'icelle en fin de chacun mois, ce qu'il en devra tant pour lui, que pour ſes valets qu'il aura, ſur peine de deux ſols pariſis d'amende, à payer par ledit Maiſtre au profit de ladite Confrerie, & rabbattra ledit Maiſtre à ſeſdits valets, ce qu'il aura payé pour eux à ladite Confrerie.

VII.

*Item.* Nuls valets, ſerviteurs & ouvriers ſervans audit métier, ne pourront ouvrer ni beſogner dudit métier en leurs Hoſtels, ni chambres, ni tenir rouës aſſiſes à tourner pieux, ni pieux fichez, ſur peine de dix écus d'amende, à appliquer comme deſſus.

VIII.

*Item.* Nul Marchand forain, tel qui ſoit, ou autre vendant en ladite Ville, Fauxbourgs, Prevoſté & Vicomté de Paris, aucuns ouvrages de potterie, ſoit pots, bouteilles, creuzets, nommés communément de Beauvais, ou autres potteries, ſoit foraine ou de la façon de cette Ville de Paris, ne pourront icelles danrées, ouvrages & marchandiſes racaciner ni étouper pour decevoir le peuple, & pour éviter aux abus que leſdits Marchands de Beauvais commettent tous les jours; & au cas qu'il en ſoit trouvé y contrevenir, ſeront leſdites danrées, ouvrages & marchandiſes caſſées, & eux condamnez en un écu d'amende, à appliquer comme deſſus.

IX.

*Item.* Auſſi que nul quel qui ſoit, Maiſtre dudit métier de Pottier de terre, faiſant carreau, grand, petit & échantillé, ne pourra vendre aucuns ouvrages racacinez; mais peuvent leſdits ouvrages eſtre détouppez & refaits par les Ouvriers dudit métier, de bonne terre & ſuffiſante, plombée & réduite comme il appartient, étant recuite dedans le four, ſur ladite peine de deux écus d'amende, à appliquer comme deſſus, & au cas qu'elles ſoient racacinées ſeront caſſées, & eux condamnez comme deſſus.

X.

*Item.* Que lesdits Maistres Pottiers de terre, faisant grand, petit carreau & échantillé, après qu'ils auront enfourné leurs pots & marchandises, & étoupé leurs fours des gastelemens, pourront, si bon leur semble, mettre le feu en leurs fourneaux pour cuir les pots & marchandises, & défourner à toute heure que bon leur semblera.

XI.

*Item.* Que nuls Maistres dudit métier demeurant en la Ville ou ès Fauxbourgs de Paris, ne payent & ne doivent rien des choses qui vendent ou achettent en leurs Hostels, qui appartiennent ou soient des appartenances dudit métier.

XII.

*Item.* Aussi ne doivent iceux Maistres Pottiers de terre faisant carreau grand, petit & échantillé de terre cuite, aucun peage & coustume des choses qu'ils portent à leur col qui sont des appartenances de leurdit métier de pottier de terre.

XIII.

*Item.* Nuls Maiſtres dudit métier qui s'entremettent de faire & vendre danrées & marchandiſes dudit métier, ne pourront comporter ni faire comporter, vendre ni faire vendre en aſſiette par les ruës de la Ville de Paris, ni ailleurs qu'en leurs Hoſtels & Maiſons aucunes danrées & marchandiſes dudit métier; mais bien peuvent porter leſdites danrées ès Halles de Paris, pour vendre le Mercredy & Samedy en la place, & ainſi qu'ils ont accoûtumé, ſur peine d'un écu d'amende, à appliquer comme deſſus.

XIV.

*Item.* Si aucun Pottier de terre porte ſes pots au marché de Paris pour vendre, il doit trois ſols tournois l'an de coûtume à payer au Roy, à ſçavoir moitié à Pâques, & l'autre moitié à la S. Remy, pour leur places, & doit chacun Pottier chaque Samedy s'il a pots au marché un pot de maille de tout lieu vendu & non vendu, ou deux pots qui vallent maille; & ſi ledit

Pottier

Pottier n'y portoit ou faisoit porter ses pots au marché, il ne devroit ni les trois sols, ni les pots de maille dessus dit.

XV.

*Item.* Que tous Marchands amenant ou qui font amener & conduire en cette Ville de Paris, tant par eau, que par terre aucuns ouvrages, danrées & marchandises dudit métier de potterie, nommé communément de Beauvais, seront tenus faire icelles danrées, ouvrages & marchandises, faire descendre & arriver èsdites Halles de Paris, en la place accoûtumée, sans les descendre ou faire descendre & arriver ès Fauxbourgs, ni ailleurs dedans Paris, & ne pourront icelles délier, défardeler, montrer ni exposer en vente en quelque maniere que ce soit, jusqu'à ce qu'icelles danrées, ouvrages & marchandises ayent été vûës & visitées par lesdits Jurez, à sçavoir si icelles danrées, ouvrages & marchandises seront bonnes & suffisantes, pour estre vendues en cettedite Ville de Paris, ſur peine d'amende arbitraire & confiſcation deſdites danrées & marchandiſes, à appliquer comme deſſus; & ſi leſdites danrées, ouvrages & marchandiſes n'étoient trouvées bonnes & ſuffiſantes, ne ſeront tollérées ni ſouffertes eſtre venduës en ladite Ville, Prevoſté & Vicomté de Paris, leſquels Jurez, pour faire ladite viſitation, auront pour leurs ſalaires de viſiter leſdites danrées & marchandiſes; c'eſt à ſçavoir de chacun chariot quatorze ſols pariſis, de la charette ſept ſols pariſis, & du cheval quatre ſols pariſis au feur l'empleage.

XVI.

*Item.* Tous Pottiers de terre, & faiſeur de carreau grand & petit, & échantillé de terre cuite, vendant danrées dudit métier ès Halles de Paris au jour de Samedy, ſeront dorénavant tenus de tournoyer & changer de place à tour par chacun Samedy de l'an, ſur peine de quarante ſols pariſis d'amende, à appliquer comme deſſus.

## XVII.

*Item.* Que nuls qui ſoient, ne peuvent ouvrer ni faire ouvrer, vendre, & faire vendre en la Ville & Fauxbourgs de Paris aucuns ouvrages, danrées & marchandiſes dudit métier de potterie, tant carreau grand, petit, échantillé, que pots, ni faire aſſeoir, ni paver aucunes ſalles, chambres, ni galleries dud. petit & grand carreau de terre cuite, s'ils n'ont eſté ou ſoient receus ou paſſez Maiſtres dudit métier, & qu'ils n'ayent payé les droits & devoirs pour ce dûs, comme deſſus eſt dit, fors & exceptez aucuns qui ont ou auroient pris & achetté Lettres du Roi notre Sire, & des Jurez dudit métier pour revendre pots, leſquels peuvent & pourront ſeulement revendre en ladite Ville & Fauxbourgs de Paris, ouvrages & marchandiſes dudit métier, nommées communément de Beauvais, comme bouteilles, pots & godets, le tout à boire, & non autres marchandiſes convenantes à la façon de Paris, ſur peines de confiſcation deſdites danrées, & d'amende arbitraire, à appliquer comme deſſus; laquelle Lettre un chacun qui voudra avoir la franchiſe de vendre leſdites bouteilles, pots & godets, ſera tenu achetter du Roy notre Sire, ou ſon Receveur de Paris pour lui & deſdits Jurez, tant pour le droit de la Confrerie dudit métier, & payera pour le droit du Roy un écu, pour la Confrerie dudit métier un écu, & pour les Jurez un écu.

XVIII.

*Item.* Il eſt loiſible & permis auſdits Jurez Pottiers de terre, & faiſeurs de grand & petit carreau, échantillé & paveur dudit carreau de terre cuite, de viſiter & avoir viſitation ſur toutes marchandiſes & ouvrages de terre cuite & autres, ſoit thuilles, feuſtieres, briques & creuſets qui ſeront faits, tant en cette Ville de Paris, que dehors, amenez par eau & par terre, leſquelles eſtant viſitées, pourront les Marchands vendre leurs marchandises après la visitation faite d'icelles marchandises.

XIX.

*Item.* Nul Marchand forain, quel qui soit, ne pourra & lui est défendu achetter ou enlever aucune terre à faire pots, carreaux & ouvrages dudit métier, soit au Village de Gentilly, ou ailleurs près Paris, où ladite terre se fouille; si premierement tous les Maistres dudit métier de ladite Ville & Fauxbourgs de Paris s'en soient pourvûs & fournis pour l'abus qui en peut arriver, & la chereté desdits ouvrages qui porteroit préjudice au public, & défenses à ceux qui fouillent ladite terre d'en vendre ni livrer à aucuns forains, sans le faire sçavoir ausdits Jurez, sur peine de confiscation, & de quatre écus d'amende, à appliquer comme dessus.

XX.

*Item.* Sera loisible & pourront les veuves des Maistres Pottiers de terre de la Ville & Fauxbourgs de Paris, au cas qu'elles ne puissent faire travailler, de tenir boutique pour achetter & revendre toutes sortes de marchandises de potterie de terre cuite.

XXI.

*Item.* Pour la conservation dudit métier seront élûs quatre prud'hommes, Jurez & Gardes d'icelui par la Communauté des Maistres dudit métier, en la forme que sont élûs les Jurez des autres métiers, par lesquels Jurez seront faites toutes visitations nécessaires à faire audit métier, tant à la Ville que Fauxbourgs, Prevosté & Vicomté de Paris, sans que pour visiter ils soient tenus de demander licence aux Hauts-Justiciers, quelques privileges & droits de Haute-Justice qu'ils ayent, attendu qu'il est question de fait de Police, dont la connoissance appartient au Sieur Prevost de Paris.

Veu par Nous les Lettres Patentes du quatre Octobre dernier, obtenuës par les Maistres Pottiers de terre, à Nous envoyées pour donner avis ſur les Ordonnances nouvelles, préſenter à Sa Majeſté & conférer avec les anciennes Ordonnances dudit métier de l'an mil quatre cens cinquante ſix, regiſtrées au Châtelet, & gardées juſqu'à préſent la contrariété d'icelles, augmentation de droits y contenus, veu les Sentences miſes en nos mains; & tout conſidéré :

Sommes d'avis, ſous le bon plaiſir du Roy, que les anciennes Ordonnances du métier doivent eſtre gardées, ſans n'y avoir ſouſtrait les Articles mentionnez aux nouvelles, comme préjudiciables au public, à la commodité du Peuple, à charge au métier, & à la marchandiſe, ſur laquelle les préſens Articles ils demandent augmentation de droit. Fait à Paris, ce ſept Janvier mil ſix cens cinq. *Signé*, NURON, avec paraphe.

HENRY par la grace de Dieu, Roy de France & de Navarre. A tous ceux présens & à venir; Salut. Les Maistres Pottiers de terre de notre Ville, Fauxbourgs, Banlieuë, Prevosté & Vicomté de Paris, Nous ont fait remontrer que les feux Rois nos Prédécesseurs pour éviter à plusieurs abus & malversations qui se commettent audit métier, leurs auroient accordé plusieurs beaux priviléges, comme appert par les Lettres qui leurs en auroient esté expédiées au mois de Septembre mil quatre cens cinquante-six, y attachées sous le contre-scel de notre Chancelerie, desquels ils auroient toûjours bien & dûement joüi, comme ils font encore de présent; & craignant d'estre troublez, faute d'avoir obtenu de Nous Lettres de provision & confirmation, requerant très-humblement leurs octroyer icelles; Sçavoir faisons, Que Nous inclinant à la Requeste des Supplians, leurs avons confirmez, continuez, confirmons & continuons par ces Préſentes leurſdits privileges, Statuts & Ordonnances, pour en jouïr par eux & leurs Succeſſeurs, en la forme & maniere qu'ils en ont & leurs Prédéceſſeurs ci-devant bien & dûement jouy & jouiſſent encore de préſent, ſans qu'aucun ſe puiſſe meſler ni entreprendre ſur ledit métier, ni des dépendances d'icelui, ſur peines portées par leſdites Ordonnances. SI DONNONS EN MANDEMENT à nos amez & feaux Conſeillers, les Gens tenans notre Cour de Parlement à Paris, Prevoſt dudit lieu ou ſon Lieutenant, & autres Juges & Officiers qu'il appartiendra, que nos préſentes Lettres de confirmation, continuation, vouloir & intêntion, & de tout le contenu en icelles, ils faſſent lire, publier, regiſtrer, entretenir, garder & obſerver de point en point ſelon leur forme & teneur, contraignant à ce faire ſouffrir tous ceux qu'il appartiendra par toutes voyes dûes & raiſonnables : Car tel eſt notre plaiſir. Et afin que ce ſoit chose ferme & ſtable à toûjours, Nous avons fait mettre notre Scel auſdites Préſentes, ſauf en autre choſe notre droit & l'autrui en toutes. Donné à Paris au mois d'Avril l'an de grace mil ſix cens ſept, & de notre Regne le dix-huitiéme.

*Et au dos eſt écrit, par le Roi en ſon Conſeil, Signé,* PERROCHEL, *avec paraphe.*

Comme de la Sentence donnée par notre Prevoſt de Paris, ou ſon Lieutenant Civil, le ſeiziéme Mars mil ſix cens dix-neuf, entre les Jurez Pottiers de terre de cette Ville de Paris, Demandeurs en ſaiſie & confirmation des avis du Subſtitut de notre Procureur General au Châtelet de Paris, les ſeize, vingt-un & vingt-ſixiéme jours de Novembre mil ſix cens dix-huit, d'une part; & Simon Gilles, & Touſſaint Poitevin, eux diſans Marchands forains, Pottiers de terre à Beauvais, demeurant en cette Ville de Paris, deffendeurs d'autre; par laquelle notredit Prevoſt ou ſon Lieutenant; après avoir oui notredit Subſtitut, auroit fait main-levée auſdits Défendeurs pour cette fois, & ſans tirer à conſéquence des Marchandiſes ſur eux ſaiſies, leſquelles avec celles qui étoient ès magazins deſdits Défendeurs, ſeroient portées à la Halle de Paris & lieu accoûtumé, pour y eſtre vûes & viſitées par leſdits Jurez, ce fait vendues par leſdits Défendeurs, auſquelles inhibitions & défenſes étoient faites deplus à l'avenir faire décharger leſdites marchandiſes ailleurs qu'auſdites Halles, ni les défardeler, qu'au préalable ils n'euſſent averti leſdits Jurez pour les voir & viſiter, & ne pourroient tenir aucun Magazin en cettedite Ville & Fauxbourgs de Paris, ſur peine de confiſcation des marchandiſes qui ſeroient ſaiſies & trouvées en iceux; & pour la contravention faite aux Ordonnances & défenſes réïtérées, condamné chacun d'eux en quatre livres pariſis d'amende, le tout nonobſtant choſe proposée au contraire par lesdits Défendeurs qui n'auroient produit, dont ils auroient esté déboutez & condamnez ès dépens, eût esté appellé à notre Cour de Parlement par ledit Poitevin, en laquelle Parties ouïes en leurs causes d'appel, & le Procès par écrit, conclu & reçu pour juger en icelle, entre ledit Poitevin, Appellant, & les Maistres Jurez, Intimez, si bien ou mal auroit esté appellé, joint les griefs hors le Procès, prétendus moyens de nullité & production nouvelle dudit Appellant qu'il pourroit bailler dans le temps de l'Ordonnance; ausquels griefs & prétendus moyens de nullité, lesdits Intimez pourroient répondre, & contre ladite production nouvelle bailler contredits aux dépens dudit Appellant, joint aussi les appellations verbales interjettées par ledit Poitevin, d'autres Sentences des premier & vingt-quatre Décembre mil six cens dix-huit, & de la Sentence de nonobstant l'appel du vingt Mars mil six cens dix-neuf, sur lesquelles les Parties auroient esté appointées à écrire par mêmes griefs & réponses, & produire aux fins d'icelle; icelui Procès, veu griefs, réponses, forclusion de produire de nouvel par ledit Appellant, productions desdites Parties sur lesdites appellations verbales. Contredits desdits Jurez, suivant l'Arrest du vingt-six Juin mil six cens vingt, après que ledit Poitevin pour contredit de sa part auroit employé le Procès. Requeste de Simon Gilles & Pierre le Begue, Marchands Pottiers de terre demeurant à Savigny près Beauvais, du sixième Aoust mil six cens dix-neuf, afin d'être reçus Parties intervenantes audit Procès, offrant par eux payer le droit de visitation ausdits Jurez, jointe audit Procès par Arrests du neuviéme Décembre mil six cens vingt. Requête dudit Poitevin du quatriéme Février, afin d'estre reçû à verifier comme depuis dix, vingt, trente & quarante ans ledit Poitevin, ses predecesseurs

& tous autres Marchands forains avoient tenus magazins en cette Ville, ausquels ils déchargeoient & tenoient leurs marchandises au veu & sceu desdits Jurez, & qu'il fust informé de ce que contre les Statuts lesdits Jurez exigeoient huit sols de chaque charette, au lieu de seize deniers parisis, octroyez par les Statuts dudit métier, offrant ledit Poitevin de ne décharger, ni defardeler aucunes charrettes chargées d'icelle potterie, soit à la Halle, soit en magazin, que préalablement il n'eust demandé congé ausdits Jurez, & iceux requis de visiter sa marchandise, afin d'éviter Procès, consentoit que la marchandise qui seroit trouvée défectueuse en la visitant, fust cassée & rompue, & lesdites marchandises estre confisquées, où il la feroit décharger sans avoir préalablement demandé congé ausdits Jurez; sur laquelle Requête notredite Cour auroit réservé à faire droit en jugeant au Procès, & donné acte des offres & consentement dudit Poitevin. Conclusions de notre Procureur General auquel le Procès auroit été communiqué de l'Ordonnance de notredite Cour, & le tout diligemment examiné. Notredite Cour par ſon Jugement & Arreſt, ſans s'arreſter à ladite Requeſte deſdits Gilles & Lebegue, faiſant droit tant ſur le Procès par écrit, qu'appellations verbales, a mis & met les appellations, Sentence, & ce dont a été appellé au néant ſans amende. En émandant ladite Sentence, ayant aucunement égard à ladite Requeſte dudit quatriéme Fevrier, a permis & permet audit Poitevin & autres Marchands forains de potterie de terre, façon de Beauvais, de faire amener & deſcendre leurs marchandiſes tant à la Halle, aux lieux accouſtumez & ordinaires, qu'en leurs magazins, ſans néanmoins qu'ils les puiſſent décharger ni défardeler, que préalablement ils n'en ayent donné avis auſdits Jurez pour icelles viſiter, ſi bon leur ſemble; & à cette fin, ſeront tenus leſdits Marchands forains leur déclarer & notifier les lieux

& ruës desdits magazins; défenses ausdits forains d'en vendre ni debiter en leurs magazins, ni ailleurs qu'en ladite Halle, à peine de confiscation & d'amende; & ausdits Jurez de demander ni exiger plus grand droit de visitation, que deux sols parisis de chacun chariot, seize deniers parisis de la charrette, & huit deniers parisis de la charge de cheval à eux accordez par lesdits Statuts, à peine de punition & d'amende; & en procedant à la visitation soit esdites Halles ou magasins, les marchandises trouvées félées dedans & dehors, creulées & défectueuses par accident, seront cassées & rompues sur le champ par lesdits Jurez en présence des propriétaires d'icelles, sans avoir adjournement ni procédures judiciaires : Ordonne notredite Cour, que les amendes & dépens adjugez par lesdites Sentences de notredit Prevost, seront rendues, si payez ont esté sans dépens, tant de ladite cause principale, que causes d'appel. Fait en

Parlement

Parlement le vingtiéme Février mil ſix cent vingt-un.

*Signé par collation*, DONGOIS.

Et au-deſſous eſt écrit la ſignification du préſent Arreſt faite au Sieur Pierre Davié, Hutant & la veuve Fourcroy le vingt Septembre mil ſept cens, par Dalençon Huiſſier au Parlement; ainſi ſigné, DALENÇON, & controllé par PONTAINE.

Et au dos eſt écrit la ſignification dudit Arreſt faite à la nommée Touvoy & ſon fils, & au nommé Aubled par Jeuneſſe Huiſſier au Parlement, le huit Octobre mil ſept cens. *Signé*, JEUNESSE avec paraphe, & controllé par PONTAINE, ledit jour.

# SENTENCE

*Portant défenſes aux Compagnons Carleurs de travailler ſans qualité, & qui leur enjoint lorſqu'ils ſeront employés pour les Bourgeois, d'en faire leur déclaration au Bureau de la Communauté.*

## Du 11 Décembre 1716.

A Tous ceux qui ces préſentes Lettres verront, Charles-Denis de Bullion, Chevalier, Marquis de Gallardon, Prevôt de Paris; Salut. Sçavoir faiſons, Que ſur la Requeſte faite en Jugement devant Nous en la Chambre de Police du Châtelet de Paris, par Me. Pierre Bechu, Procureur des Jurez de la Communauté des Maîtres Potiers de Terre & Carreleurs à Paris, Demandeurs aux fins de la Requeſte du quatre du préſent mois, ſuivant l'Exploit fait par de Beſançon, Huiſſier à cheval le ſept, controllé à Paris par le Camus le même jour, à ce que l'assignation que le ci-après nommé leur a fait donner en la Jurisdiction de la Massonnerie le trois du présent mois, soit évoqué par devant Nous; & au principal déchargés entr'autre chose de la demande y portée contre Nicolas Clery, Compagnon Carreleur à Paris, Défendeur & défaillant : ouï ledit Bechu en son plaidoyer, & par vertu du défaut de Nous donné contre le Défendeur non comparant, ni Procureur pour lui dûëment appellé, lecture faite de la demande susdattée; Nous avons la demande évoquée pardevant Nous, avec défenses aux Défendeurs de faire poursuite ailleurs à peine de nullité, cinq cens livres d'amende, & de tous dommages; & au principal avons les Demandeurs déchargés de ladite demande avec dépens; & au surplus ordonnons que les Statuts & Réglemens de la Communauté des Maîtres Pottiers de Terre & Carreleurs à Paris seront exécutés; &

en conséquence faisons défenses aux Défendeurs & à tous autres Compagnons de travailler sans qualité; & au cas qu'ils soient employez à la toise par les Bourgeois, leur enjoignons d'en venir faire leur déclaration au Bureau de la Communauté des Maîtres, & de fournir de bonnes marchandises sous telles peines qu'il appartiendra, ce qui sera exécuté sans préjudice de l'appel; en témoin de quoi nous avons fait sceller ces Présentes. Ce fut fait & donné par Messire Marc-René de Voyer de Paulmy d'Argenson, Chevalier, Conseiller, d'Estat ordinaire, Lieutenant General de Police, tenant le Siége le Vendredy onze Décembre mil sept cens seize. *Signé*, CUIRET, & scellé le trois Décembre par CHAMBAULT.

Et au dos est écrit : *Signifié audit Nicolas Clery le sixième Février mil sept cens dix-sept par de Besançon, Huissier à cheval au Châtelet de Paris, & controllé ledit Jour par* LE CAMUS.

# JUGEMENS

*Qui font défenſes aux Maîtres & Compagnons Maçons de carreler ni faire carreler, à peine d'amende.*

Extrait des Regiſtres de la Chambre de Monſieur le Procureur du Roi au Châtelet de Paris.

*Du* 4 *Mai* 1613.

ENTRE les Jurés Potiers de Terre de cette Ville de Paris, Demandeurs, d'une part; & Denis & Jean Barbet, & Chriſtophe Liger, tous Compagnons Maçons, Défendeurs, d'autre part. Parties ouïes en leurs remontrances, & ouï Jean Amelot, Maître & Juré Maçon, qui a avoué leſdits Défendeurs, & dit qu'ils travaillent pour lui. Il eſt dit, exécutant les Ordonnances, que défenſes ſont faites audit Amelot d'entreprendre à paver les Salles de petit carreau, & pourra ſeulement paver les âtres de cheminées; à peine d'amende arbitraire, & condamné en douze ſols pariſis de frais. Fait & donné par Me. Georges le Febvre, Avocat & Subſtitut dudit Procureur du Roi, les jour & an que deſſus. *Signé*, VOISIN, avec paraphe.

*Autre Jugement du 4 Mai 1613.*

ENTRE les Jurés Potiers de Terre de cette Ville de Paris, Demandeurs, d'une part; & Denis & Jean Barbet, & Chriſtophe Liger, tous Compagnons Maçons, Défendeurs, d'autre part. Parties ouïes en leurs remontrances, comme auſſi Jean Amelot, Juré Maçon. Nous, faiſant droit ſur le rapport deſdits Jurés, avons les défenſes portées par le Jugement de Nous rendu cejourd'hui contradictoirement entre les Parties, avec défenſes d'y plus contrevenir, à peine de dix écus d'amende; & pour y avoir contrevenu, ils ſont condamnés en trente-deux ſols pariſis d'amende chacun, & ès frais, & ordonnons que la beſogne ſera parachevée par leſdits Jurés; & auparavant que d'y travailler, ſera vue & viſitée par deux anciens Bacheliers-Potiers de Terre, dont les Parties conviendront, qui en feront leur rapport en la maniere accoûtumée. Fait & ordonné par Me. Georges le Febvre, Avocat & Subſtitut dudit Sieur Procureur du Roi, les jour & an que deſſus. *Signé*, VOISIN, avec paraphe.

*Autre Jugement du 15 Avril 1619.*

SUr la Requête faite par Bignon, Procureur des Jurés Potiers de Terre à Paris, Demandeurs aux fins de leurs concluſions à l'encontre d'Antoine Petit, Maître Maçon à Paris, préſent en perſonne, Défendeur. Parties ouïes en leurs Plaidoyers, & après que ledit Défendeur *eſt demeuré d'accord d'avoir entrepris de paver de carreau de terre plombés une chambre & un cabinet étant des dépendances d'une Maiſon ſiſe rue S. Thomas du Louvre, vis-à-vis l'Hôtel de Rembouillet.* Et pour ce faire, y avoir employé un nommé Plâtrechault, & néantmoins n'avoir fait aucun marché. De ce avons audit Défendeur, fait inhibitions & défenſes de plus entreprendre à l'avenir ſur le métier deſdits Demandeurs, ni de faire paver aucuns lieux de carreaux de terre plombés, que par les Maîtres Potiers de Terre; & audit Plâtrechault de faire acte de Maître; le tout à peine de l'amende : & pour la faute & entrepriſe faite par celui qui a employé leſd. carreaux, l'avons condamné en quarante-huit ſols pariſis d'amende, & ès frais deſd. Jurés dont ledit Défendeur demeurera reſponſable. Fait & ordonné par Me. Georges le Febvre, Avocat & Subſtitut dudit Sieur Procureur du Roi, les jour & an que dessus. *Signé*, VOISIN, avec paraphe.

## SENTENCE DE POLICE

*Contre les Maîtres Maçons, du* 20 *Avril* 1660.

A Tous ceux qui ces présentes Lettres verront, PIERRE SEIGUIER, Chevalier, Baron, Marquis de Saint-Brisson, Seigneur des Ruaux & de Saint-Firmin, des Grand & Petit Raincy, l'Etang, la Ville & autres lieux, Conseiller du Roi en ses Conseils d'Etat & Privé, Gentilhomme ordinaire de sa Chambre, & Garde de la Ville, Prevôté & Vicomté de Paris, SALUT. Sçavoir faisons, que sur la Requête faite en Jugement devant Nous en la Chambre Civile du Châtelet de Paris, par Me. Jean Camus, Procureur de la Communauté des Maîtres Potiers de Terre à Paris, Demandeurs en confirmation de l'avis du Procureur du Roi du quatriéme Février dernier, ſuivant leur Requête verbale, ſignifiée le dix-ſeptième, contre Me.

le Maignan, Procureur de Lambert, Défendeurs. Parties ouïes, Nous avons ledit avis du Procureur du Roi ſuſdatté, confirmé, & ſuivant icelui avons la ſaiſie faite ſur ledit Défendeur, de la quantité de ſix milliers de carreaux de terre par exploit du dix-huitième Septembre dernier, déclarée bonne & valable, les ſix milliers de carreaux ſaiſis confiſqués au profit deſdits Jurés; à la repréſentation d'iceux, le gardien contraint par corps, quoi faiſant déchargé. Faiſons défenſes audit Défendeur, & à tous autres Maîtres Maçons de plus entreprendre ſur le métier de Potier de Terre; & pour la faute par lui commiſe, le condamnons en huit livres pariſis d'amende, & aux dépens. Ce qui ſera exécuté nonobſtant oppoſitions ou appellations quelconques, & ſans préjudice d'icelles, en témoin de ce nous avons fait ſceller ces préſentes. Ce fut fait & donné par Meſſire Dreux d'Aubray, Conſeiller du Roy en ſes Conſeils d'Etat & Privé, Lieutenant Civil, tenant le Siége le Mardi vingtiéme jour d'Avril mil ſix cent ſoixante. Collationné. *Signé*, LUCE, avec paraphe.

*Autre Sentence contre un Compagnon Maçon, du* 11 *Mai* 1677.

A Tous ceux qui ces préſentes Lettres verront, ACHILLES DE HARLAY, Chevalier, Conſeiller du Roi en ſes Conſeils, ſon Procureur Général en ſa Cour de Parlement, & Garde de la Prevôté & Vicomté de Paris le Siége vaccant, SALUT. Sçavoir faiſons, que ſur la Requête faite en Jugement devant Nous en la Chambre de Police du Châtelet de Paris, par Me. Iſaac Lothon, Procureur des Jurez de la Communauté des Maîtres Potiers de Terre à Paris, Demandeurs en confirmation de l'avis du Procureur du Roi du trentième Avril dernier ſuivant l'acte ſignifié le jour d'hyer, aſſiſté de Me. le Franc leur Avocat, à l'encontre de Me. Edme Bardet, Procureur de Thomas Haye, Manœuvre, Défendeur; & par vertu ou défaut de Nous donné contre ledit Bardet, après qu'il nous eſt apparu du ſuſdit avis & acte ſuſdatés, Nous avons ledit avis dudit jour trentiéme Avril dernier, confirmé, & icelui confirmons. Ce faiſant, avons fait & faiſons défenſes audit Haye d'entreprendre ſur le métier des Demandeurs, ſous telle peine que de raiſon; pour l'avoir fait, condamné en quarante ſols d'amende, & aux dépens, & ces préſentes exécutées nonobſtant oppoſitions ou appellations quelconques, & ſans y préjudicier, pour leſquelles ne ſera différé. En témoin de ce, avons fait ſceller ces Préſentes, qui furent faites & données par Meſſire Gabriel-Nicolas de la Reynie, Conſeiller du Roi en ſes Conſeils, Lieutenant Général de Police, tenant le Siége le Mardy onze Mai mil six cent soixante dix-sept. Collationné.

*Signé*, TRUCHOT, avec paraphe.

*Sentence du Juge Royal & Maître Général des Bâtimens, qui homologue l'avis des Syndic & Adjoints de la Maçonnerie, portant que de tout tems les Maîtres Potiers de Terre ont fourni & fait poser les carreaux dans les Bâtimens.*

Du 31 Décembre 1685.

A Tous ceux qui ces présentes Lettres verront, NICOLAS DE LESPINE, Conseiller du Roi, Maître Général de ses Bâtimens, Ponts & Chaussées de France, Juge & Garde de la Jurisdiction Royale établie au Palais à Paris, pour le fait des Edifices & Bâtimens qui se construisent en cette Ville, Fauxbourgs, Banlieue, Prevôté & Vicomté d'icelle. SALUT. Sçavoir faiſons, qu'entre Jean Moreau, François Periac, Jean Aurillon, Maîtres Potiers de Terre à Paris, & Jurez de leur Communauté, Demandeurs en Requête du premier Décembre préſent mois, à ce qu'ils fuſſent reçus Parties intervenantes en l'inſtance pendante pardevant Nous entr'eux, le Défendeur ci-après nommé, & le nommé Olivier; faiſant droit ſur leur intervention que le Brevet d'apprentiſſage dudit Olivier fût déclaré nul, que défenſes fuſſent faites audit Défendeur & à tous autres Compagnons dudit métier, de plus à l'avenir faire de ſemblables Brevets, & entreprendre ſur le fait dudit métier aucuns ouvrages de carrelage, à peine de cinq cent livres d'amende, dépens, dommages & intérêts, & pour l'avoir fait, qu'icelui Défendeur fût condamné en cent livres d'amende, ou telle autre ſomme qu'il Nous plairoit d'arbitrer aux dommages & intérêts des Demandeurs, & aux dépens à leur égard, & qu'acte leur fût donné de ce que pour moyens d'intervention ils employoient le contenu en ladite Requête ; & outre lesdits Jurés Demandeurs en entérinement, de l'avis des Syndic & Adjoints de la Communauté des Maîtres Maçons de cette Ville de Paris, dont la teneur ensuit. Nous Syndic & Adjoints de la Communauté des Maîtres Maçons de cette Ville de Paris, requérons pour les intérêts de ladite Communauté, & pour éviter l'embarras & le retard des Bâtimens ; vu les pièces & Sentences de M. le Général des Oeuvres des Bâtimens du Roi, en datte du huit Octobre de la présente année, & celle du dix Décembre présent mois, que le Brevet d'apprentissage, fait par Blaise Olivier, au profit de Nicolas Drouot, Compagnon Potier de Terre & Carreleur, soit déclaré nul, attendu que c'est le fait des Maîtres Potiers de Terre, qui de tous tems ont fourni & fait poser le carreau nécessaire pour tous les planchers & aires des bâtimens sous les Maîtres Maçons; & qu'il ſoit fait défenſes à l'avenir à tous Compagnons Carreleurs de s'ingérer de faire & obliger aucuns Apprentifs, ni même d'entreprendre aucuns carrelages, à peine de cinq cens livres d'amende, le tout ſans préjudicier aux droits & prétentions de la Communauté deſdits Maîtres Maçons. Fait à Paris le dix-neuvième Décembre mil ſix cent quatre-vingt-cinq. *Signé*, BAILLY & CHASTELAIN, avec paraphe. Par Me. Pierre-Michel le Mazier leur Procureur, d'une part; & Nicolas Drouot, Compagnon Potier de Terre & Carreleur à Paris, Défendeur par Me. Vernay, Procureur en la Cour, ſon Procureur, d'autre; ſans que les qualités puiſſent nuire ni préjudicier. Parties ouïes ſur le délibéré, Nous diſons que nous avons les Parties de le Mazier, reçues Parties intervenantes en l'Inſtance pendante pardevant Nous entre Nicolas Drouot & Blaiſe Olivier, faiſant droit ſur

ſur leur intervention, & ayant égard à l'avis des Syndic & Adjoints de la Communauté des Maîtres Maçons de cette Ville de Paris, avons le Brevet du trois Juin 1685, & dont eſt queſtion, déclaré nul; faiſons défenſes audit Drouot & à tous autres Compagnons dudit métier de Potiers de Terre Carreleurs, de plus à l'avenir faire de ſemblables Brevets, d'entreprendre ſur le fait dudit métier, & d'entreprendre aucuns ouvrages de Carrelage, à peine de cinq cens livres d'amende, & de tous dépens, dommages & intérêts; & pour l'avoir fait, avons ledit Drouot condamné en ſix livres d'amende, & aux dépens de ladite intervention, ce qui ſera exécuté nonobſtant oppoſitions ou appellations quelconques, & ſans préjudice d'icelles. SI DONNONS EN MANDEMENT au premier de nos Huiſſiers ou autre Sergent Royal ſur ce requis, mettre ces préſentes à leur dûe & entière exécution, ſelon leur forme & teneur. En témoin de quoi

Nous avons icelles fait ſceller, qui furent faites & données par Nous Conſeiller du Roi, Maître Général, Juge & Garde ſuſdit, tenant le Siége à Paris le Lundi trente-unième & dernier jour de Décembre mil ſix cent quatre-vingt-cinq. Collationné.

*Signé*, DE BILLEHEUST, avec paraphe.

*Collationné par les Notaires à Paris ſouſ-gnés, ſur les Originaux en parchemin & papier repréſentés & à l'inſtant rendus. Ce jourd'hui 27 Octobre* 1736.

*Signé*, LAISNÉ.

# ARREST DU GRAND CONSEIL,

*Contre Mathieu Couthié, Apotiquaire & & Distilatenr ordinaire du Roi.*

Portant confirmation d'une Sentence rendue en la Prevôté de l'Hôtel du Roi le 9 Juillet 1686, qui déclare valable la saisie faite sur ledit Couthié, de cent soixante-un Vaisseaux de terre propres à la distilation; ordonne la confiscation au profit des Jurés Potiers de Terre, avec amende & dépens.

*Du 13 Octobre* 1687.

LOUIS par la grace de Dieu, Roi de France de & Navarre, à tous ceux qui ces présentes Lettres verront, Salut. Sçavoir faisons, comme par Arrêt ce jourd'hui donné en notre Grand Conseil, entre notre bien amé Mathieu Couthié,

Apotiquaire & Diſtilateur ordinaire de Nous, appellant de Sentence contre lui rendue en la Prevôté de l'Hôtel au profit des Intimés ci-après nommés, le 9 Juillet 1686, ſuivant la Requête par lui préſentée à nos amés Conſeillers ledit jour 9 Juillet 1686, & exploit fait, & notre Ordonnance apposée au bas d'icelle, dudit jour, controllé à Paris ledit jour, & requérant que ladite Sentence ſoit infirmée & annullée avec condamnation de tous dépens, dommages & intérêts, & qu'au ſurplus les fins & concluſions par lui priſes en l'Inſtance principale, lui ſoient adjugées, d'une part; & les Jurés & Communauté des Maîtres Potiers de Terre de cette Ville de Paris, tant en leurs noms, que comme ayant pris le fait & cauſe de
Raoult, auſſi Marchand Potier de Terre à Paris, Gardien & Dépoſitaire des choſes ſaiſies ſur Pierre-Daniel, Intimés, d'autre part. Et entre ledit Couthié, tant en ſon nom que comme pre-

nant le fait & cauſe, en tant que de beſoin, de Pierre Daniel, Marchand Forain de Poterie de Terre, Demandeur ſuivant autre Requête par lui préſentée à notredit Conſeil, & exploit fait en vertu d'Ordonnance appoſée au bas d'icelle du premier dudit mois de Juillet 1686, controllé à Paris ledit jour, aux fins qu'il plaiſe à notre Conſeil, caſſer, révoquer, annuller, tant l'avis du Subſtitut de notre Procureur Général au Châtelet de Paris du 21 Juin audit an 1686, qu'exploit d'aſſignation donné en conſéquence audit Daniel, pardevant le Lieutenant Général de Police le dix Juillet audit an 1686, & tout ce qui pouvoit s'en être enſuivi, comme étant faux & rendu par attentat & au préjudice de la Juriſdiction de notredit Conſeil, & de la Prevôté de l'Hôtel de Paris ; la ſignification des défenſes de notredit Conſeil du 9 dudit mois de Juillet, & faiſant droit ſur les appels, mettre l'appellation & ce dont eſt appel au néant, émendant, corrigeant, faire pleine & entiére main-levée audit Couthié de la saisie des cent soixante-un vaisseaux de terre servant, faits exprès pour servir à la distilation; ordonner que lesdits vaisseaux seront rendus & restitués audit Couthié, à quoi faire lesdits Jurés, Gardiens & Dépositaires, seront contraints par corps; condamner lesdits Jurés en tous les dommages, intérêts & dépens dudit Couthié, tant des causes principales que d'appel, sauf à lui à prendre telles autres conclusions qu'il appartiendra, d'une part; & les Jurés & Communauté des Maîtres Potiers de Terre, Défendeurs, d'autre part. Et entre ledit Couthié, Demandeur en autre Requête par lui présentée à notredit Conseil le 20 dudit mois de Juillet 1686, à ce qu'il lui plaise adjuger audit Demandeur les fins & conclusions par lui prises par la Requête ci-dessus, casser, révoquer & annuller aussi la Sentence susdite, & incompétemment surprise aux Châtelet de

Paris par les Jurés Potiers de Terre, le 10 dudit mois de Juillet, expédition & signification d'icelle du 20 dudit mois, & tout ce qui s'en est ensuivi, & pouvoit être au préjudice de l'Instance pendante & indécise en notredit Conseil, & condamner lesdits Jurés Potiers de Terre aux dépens, d'une part; & les Jurés & Communauté desdits Maîtres Potiers de Terre, Défendeurs, d'autre part. Après que Saudit, Avocat pour ledit Couthié èsdits noms, assisté de Desenclos son Procureur, a conclu en son appel & Requêtes, Evrard, Avocat pour lesdits Jurés & Communauté desdits Maîtres Potiers de Terre de Paris, aussi èsdits noms, assisté de Gamaches leur Procureur, ont été oüis. ICELUI NOTREDIT GRAND CONSEIL, sans avoir égard à la cassation, a mis & met l'appellation au néant, a ordonné & ordonne que ce dont est appel sortira son plein & entier effet, & a condamné & condamne ledit Couthié en douze livres d'amende envers Nous, & aux dépens. Si donnons en Mandement au premier des Huissiers de notredit Conseil, en ce qui est de faire en notredite Cour & suite, & hors d'icelle au premier notre Huissier, ou autre notre Huissier ou Sergent sur ce requis, qu'à la Requête des Maître Potiers, le présent Arrêt il mettra à dûe & entière exécution de point en point, selon sa forme & teneur, nonobstant opposition ou appellation quelconques, pour lesquelles sans préjudice d'icelles, ne voulons être différé, en outre faire pour l'entiére exécution des Présentes tous exploits & autres actes de Justice requis & nécessaires. De ce faire te donnons pouvoir, sans pour ce demander Placet ni Paréatis. DONNE' en notredit Conseil à Paris le treize Octobre, l'an de grace mil six cens quatre-vingt-sept, & de notre Régne le quarante-cinquième. Collationné.

*L'an mil six cent quatre vingt-sept le vingtiéme jour d'Octobre, signifié & laissé à Domicile copie à Mr. Desenclos, Procureur Adverse par Nous.* Signé, *DARVOY*, *avec paraphe.*

# DE'CLARATION DU ROY,

*Pour les Droits de Réception à la Maîtriſe, & Brevets d'apprentiſſage.*

Du 5 Mai 1693.

LOUIS, par la grace de Dieu, Roy de France & de Navarre : A tous ceux qui ces préſentes Lettres verront; SALUT. Les Jurés & Maîtres de la Communauté des Potiers de Terre de notre bonne Ville & Fauxbourgs de Paris, Nous ont très-humblement fait remontrer, qu'ayant par notre Edit du mois de Mars 1691 créé & érigé en titre d'Offices héréditaires les Gardes des Corps des Marchands & les Jurés des Communautés, d'Arts & Métiers, ils ont intérêts non-ſeulement que ces Offices ſoient exercés par des perſonnes de probité, & que ceux qui en abuſeront puiſſent être dépoſſédés; mais encore que ceux de leur Communauté qui peuvent s'en bien acquitter puiſſent y parvenir à leur tour, au lieu qu'ils en ſeroient exclus, ſi ceux que nous en aurions pourvûs n'en pouvoient être dépoſſédés: Par ces conſidérations, & le deſir de nous marquer leur zéle pour notre ſervice & leur ſoumiſſion à nos volontés, ils nous ont fait offrir de payer au Tréſorier de nos revenus caſuels en exercice, la ſomme de 1600 livres, s'il nous plaiſoit unir à leur Communauté les quatre Offices de Jurés d'icelle créés par notre Edit, pour être exercés par ceux qui nous ſeront par eux préſentés pour autant de tems qu'ils aviſeront entr'eux, en vertu des Proviſions que nous leur ferons expédier, & leur laiſſer pour l'avenir, lorſque le tems de l'exercice de ceux que nous en aurons pourvûs ſera expiré, la faculté de nous en préſenter d'autres, pour prendre de nous la confirmation de leur nomination: Comme auſſi de leur permettre d'emprunter ladite ſomme de 1600 livres, ou partie d'icelle à conſtitution de rente ou autrement, au nom de ladite Communauté: Et pour aſſurer le payement des arrérages de ladite ſomme, ordonne qu'il ſera payé à la Réception de chacun Maître de Chef-d'œuvre, la ſomme de 300 livres, de laquelle ſomme il en ſera mis dans la Boëte de la Communauté celle de 166 livres, & celle de 134 livres reſtant ſera pour les frais de Réception, y compris le Droit Royal. Que chacun fils de Maître payera, à la Réception de la Maîtriſe, la ſomme de 100 livres, dont il en appartiendra à la Boëte de la Communauté celle de 30 livres, & le ſurplus ſera pour ſurvenir aux frais de Réception, y compris auſſi le Droit Royal. Que pour l'Enregiſtrement de chaque Brevet d'Apprentiſſage, il ſera payé par l'Apprentif 12 livres; ſçavoir, à chacun deſdits quatre Jurés trente ſols, & les 6 livres reſtans à la Boëte de ladite Communauté.

Qu'outre les dix ſols attribués par notredit Edit aux Jurés par chacune des quatre Viſites par an qu'ils font chez tous les Maîtres & Veuves de Maîtres de la Communauté, il ſera encore payé par tous leſdits Maîtres & Veuves par chacune deſdites quatre Viſites, dix ſols, qui ſeront mis dans la Boëte de la Communauté, & que ceux deſdits Maîtres ou Veuves qui feront venir à Paris des Poteries, Carreaux, Briques & autres Marchandiſes de Poteries de terre, tant par eau que par terre, ſeront auſſi tenus de payer chacun les dix ſols de Viſite ordinaire & accoûtumée qui ſe payent par charette chargée deſdites Marchandiſes; deſquels dix ſols il en appartiendra cinq ſols aux Jurés, & les autres cinq ſols à la Boëte de la Communauté. Et voulant favorablement traiter ladite Communauté des Maîtres Potiers de Terre, & lui donner des marques de notre protection : A CES CAUSES, de l'avis de notre Conſeil, qui a vû la Délibération faite par les Jurés & Anciens de ladite Communauté, le 12 Avril 1693, & de notre certaine ſcience, pleine puiſſance & autorité Royale, Nous avons par ces Préſentes ſignées de notre main, uni & incorporé, uniſſons & incorporons à la Communauté des Maîtres Potiers de Terre de notre bonne Ville & Fauxbourgs de Paris, les quatre Offices de Jurés d'icelle, créés par notre Edit du mois de Mars 1692, en payant par eux, ſuivant leurs offres, la ſomme de 1600 livres ès mains du Tréſorier de nos revenus caſuels en exercice; ſçavoir, 800 livres comptant, & les autres 800 livres en deux payemens de trois mois en trois mois. Ce faiſant, voulons que leſdits Offices ſoient exercés en vertu des Proviſions que nous ferons expédier à ceux qui nous ſeront nommés par ladite Communauté pour le tems qui nous ſera par elle aviſé, après l'expiration duquel elle pourra nous en préſenter d'autres, pour obtenir de nous la confirmation de leur nomination, & continuer à l'avenir à toutes les mutations que voudra faire la Communauté. Permettons aux Jurés & autres Maîtres de ladite Communauté d'emprunter le tout ou partie de ladite somme de 1600 livres à constitution de rente ou autrement, au nom de toute la Communauté. Et à cet effet sera fait mention & déclaration dans la Quittance de finance qui sera délivrée par le Trésorier de nos revenus casuels, des noms de ceux qui auront contribué au prêt de ladite somme, au moyen de quoi ils auront hypoteque & privilége spécial sur les Offices de Jurés & Droits attribués à iceux ; & pour assurer le payement tant des arrérages de ladite somme de 1600 livres, que des anciennes dettes de la Communauté, même le remboursement des sorts principaux desdites rentes, voulons & ordonnons qu'il soit payé par chacun Maître de Chef-d'œuvre à sa Réception à la

Maîtriſe, la ſomme de 300 livres, ſçavoir, 134 livres pour les frais de ſa Réception, & 166 livres à la Boëte de la Communauté. Que chaque fils de Maître ſoit tenu de payer, à ſa Réception à la Maîtriſe, la ſomme de 100 livres; ſçavoir, 70 livres pour les frais de ſa Réception, & 30 livres pour la Boëte de la Communauté, & chaque Apprentif 12 livres, pour l'enregiſtrement de ſon Brevet ou tranſport d'icelui; ſçavoir, trente ſols à chacun des quatre Jurés, & les 6 livres reſtantes, à la Boëte de la Communauté. Qu'outre les dix ſols attribués aux Jurés pour chacune des quatre Viſites par an qu'ils font chez les Maîtres & Veuves de Maîtres tenans Boutique, il ſoit payé par tous leſdits Maîtres & Veuves par chacune des quatre Viſites, pareille ſomme de dix ſols, qui ſera miſe dans la Boëte de la Communauté. Voulons pareillement qu'il ſoit payé par ceux deſdits Maîtres ou Veuves qui feront venir à Paris des Poteries , Carreaux & Briques de Terre cuite, tant par eau que par terre, dix ſols pour la Viſite de chacune charetée deſdites Marchandiſes de Poterie , & cinq ſols pour chacun milier de Carreau & Brique, deſquels Droits il en appartiendra moitié aux quatre Jurés en exercice, & l'autre moitié à la Boëte de la Communauté, pour être les deniers provenans des Droits deſtinés à la Boëte de la Communauté, employés au payement des arrérages des rentes tant anciennes que nouvelles de ladite Communauté. Voulons que les Maîtres de ladite Communauté ſoient tenus de faire leur déclaration au Bureau des Jurés à l'inſtant de l'arrivée des Marchandiſes de Poterie qu'ils feront venir pour leur compte , & d'en payer les Droits, à peine de confiſcation, & de 100 livres d'amende contre chacun des contrevenans, ès mains de celui des Jurés qui ſera commis à la Recette, lequel ſera tenu de rendre compte tous les ans aux autres

autres Jurés & anciens Maîtres de la Communauté ; & en cas qu'il reste entre ses mains quelques deniers après les arrérages desdites rentes payés, ils seront employés au rachat de quelque portion du principal, à commencer par les Veuves & héritiers de ceux des Maîtres & Créanciers qui seront décédés, sans que les deniers destinés pour la Boëte de ladite Communauté puissent être divertis ni employés ailleurs, ni même saisis pour aucuns autres Créanciers. Et après que les sorts principaux desdites rentes auront été acquittés, les quarante sols nouveaux pour les Visites annuelles cesseront d'être levés sur les Maîtres & Veuves de ladite Communauté, & les Droits de Réception des Maîtres de Chef-d'œuvre seront réduits aux 200 livres qu'ils avoient coûtume de payer à leur Réception avant ces Présentes. Si donnons en mandement à nos amés & feaux Conseillers, les Gens tenans notre Cour de Parlement à Paris, que ces

Présentes ils ayent à faire enregistrer ; & du contenu en icelles faire jouir & user les Jurés & Maîtres de la Communauté des Potiers de Terre de notre bonne Ville & Fauxbours de Paris, pleinement & paisiblement, selon leur forme & teneur : CAR tel est notre plaisir. En témoin de quoi Nous avons fait mettre notre scel à cesdites Présentes. DONNE' à Versailles le cinquiéme jour de Mai, l'an de grace mil six cens quatre-vingt-treize, & de notre Regne le cinquantiéme. *Signé*, LOUIS. *Et plus bas* : Par le Roy, PHELYPEAUX.

Par Arrest du Conseil d'Etat du Roy, rendu au Camp devant Tournay, le vingt-deuxiéme jour de Mai mil sept cens quarante-cinq. Collationné.

*Signé*, DE VOUGNY.

Appert que la Communauté des Maîtres Potiers de Terre, Carleurs à Paris, a été conservée par Sa Majesté dans les

Articles XV. & XVII. VIII. des Statuts & Ordonnances, qu'ils feront exécutés selon leur forme & teneur, & que ladite Communauté continuera de jouir des Droits qui lui sont attribués par la Déclaration du cinq Mai mil six cens quatre-vingt-treize.

*Registrés, oüi ce requerant le Procureur Général du Roy, pour être exécutés selon leur forme & teneur; Copie collationnée envoyée au Siége du Châtelet de cette Ville de Paris, pour y être lûe, publiée & registrée; enjoint au Substitut du Procureur Général du Roy d'y tenir la main, & d'en certifier la Cour dans huitaine suivante. Vû au Conseil l'Arrest de ce jour. A Paris en Parlement, le vingt-sixiéme Mai mil six cens quatre-vingt-treize.* Signé, DU TILLET.

# SENTENCE ET ARREST,

## *Contre les Fayanciers.*

### Des 4 Août 1693 & 22 Mai 1702.

A TOUS ceux qui ces présentes Lettres verront, CHARLES-DENIS DE BULLION, Chevalier, Conseiller du Roy en ses Conseils, Prévôt de Paris; SALUT. Sçavoir faisons, que sur la Requête faite en Jugement devant Nous en la Chambre de Police du Châtelet de Paris, par M$^{e}$ Jean-Baptiste Bonin, Procureur des Jurés Potiers de Terre de cette Ville & Fauxbourgs, Demandeur par Exploit de Saisie de Mercier Sergent à Verge, du 20 Juin dernier, controllé le 23 par Germain, tendant à ce que ladite Saisie faite de Poterie de Flandres, trouvée en la possession du Défendeur, soit déclarée valable; défense de plus entreprendre ou vendre & faire venir de pareilles Marchandises, à peine de confiscation & d'amende, assistés de Me. Guerin, Avocat, contre Me du Four, Procureur de Pierre Guillemot, Emailleur & Fayancier, Défendeur, assisté de Me Maurice, Avocat, Parties oüies, lecture faite de ladite Saisie; Procès-verbal de Transport du Commissaire Palley, du 2 Juin, & autres Pieces. Oüi Noble Homme Me de Marillac, Conseiller & Avocat du Roy en ses Conclusions, auquel le tout a été communiqué. Nous avons ladite Saisie, sur ledit Guillemot, déclarée bonne & valable, les choses saisies confisquées au profit des Demandeurs; défense audit Guillemot & à tous autres de ne plus entreprendre sur le Métier, sur telle peine qu'il appartiendra. Condamnons ledit Guillemot aux dépens, ce qui sera exécuté sans préjudice d'appel. En témoin de ce, Nous avons fait sceller ces Présentes. DONNÉ par Messire NICOLAS DE LA REYNIE, Conseiller d'Etat ordinaire, Lieutenant Général de Police, tenant le Siége le Mardy quatre Août mil six cent quatre-vingt-treize.

Collationné sur l'original en parchemin, présenté & à l'instant rendu par les Notaires soussignés, cejourd'hui 28 Mars 1716. *Signé*, DE RANCY & AUDIN.

*AVIS de Monsieur le Procureur du Roi au Châtelet de Paris.*

*Et Sentences confirmatives d'icelui.*

Rendues contre Claude-Marc Bellamy, Compagnon Carleur.

*Des 17 Septembre & 8 Octobre 1695, & 17 Juillet 1697.*

ENTRE les Jurés de la Communauté des Maîtres Potiers de Terre à Paris, saisissans sur le Défendeur ci-après nommé, la quantité de trois milliers de carreaux, & Demandeurs en validité de la ſaiſie, confiſcation, amende & dépens, ſuivant le Procès-verbal du Commiſſaire Levié, & Exploit fait par Contard, Huiſſier à cheval, les 29 & 30 Juin 1695, controllé à Paris par Robert le premier Juillet ſuivant, d'une part; & Claude-Marc Bellamy, Compagnon Carreleur, Défendeur, d'autre. Vu les Piéces des Parties miſes en nos mains, Nous avons déclaré la ſaiſie bonne & valable; ce faiſant, ordonné que le carreau ſaiſi demeurera confiſqué au profit de la Communauté des Maîtres Potiers de Terre; condamnons ledit Bellamy en ſix livres d'amende, & aux dépens. Ce fut fait & jugé par Meſſire Claude Robert, Conſeiller du Roi en ſes Conſeils, & ſon Procureur audit Châtelet, ledit jour 17 Septembre 1695.

BONNIN, Procureur des Jurés.

MAILLARD, Procureur dudit Bellamy.

Délivré pour ſeconde expédition par nous Greffier, ſouſſigné ce 17 Décembre 1735. *Signé*, CHAILLOU.

A Tous ceux qui ces préſentes Lettres verront. Gabriel-Jerôme de Bullion, Chevalier, Seigneur, Comte d'Eſclimont, Meſtre de Camp du Régiment de Provence, Infanterie, Conſeiller du Roi en tous ſes Conſeils, Prevôt de la Ville, Prevôté & Vicomté de Paris, SALUT. Sçavoir faiſons, que ſur la Requête faite en Jugement devant Nous, à l'Audience de la Chambre de Police du Châtelet de Paris, par Me. Jean-Baptiſte Bonnin, Procureur de la Communauté des Maîtres Jurés Potiers de Terre, Demandeurs en confirmation de l'Avis de M. le Procureur du Roi, du 17 Septembre dernier, ſuivant la Requête verbale du

enſuivant, aſſiſtés de Me. Guerin leur Avocat, contre Me. Maillard, Procureur de Marc dit Bellamy,

Défendeur, & en vertu des défenſes à Nous données contre ledit Maillard audit nom, non comparant, lecture faite de l'avenir pour plaider à ce jour, dudit Avis qui a déclaré la ſaiſie faite ſur ledit Bellamy bonne & valable, ordonné que leſdites choſes ſaiſies demeureroient confiſquées au profit des Maîtres Potiers de Terre, & condamne ledit Bellamy en ſix livres d'amende, & aux dépens envers les Jurés, ladite Requête & autres piéces; Nous avons ledit Avis confirmé de point en point ſelon ſa forme & teneur avec dépens; ce qui ſera exécuté nonobſtant & ſans préjudice de l'appel, & ſoit ſignifié. En témoin de ce, nous avons fait ſceller ces Préſentes. Fut fait & donné par Meſſire Gabriël-Nicolas de la Reynie, Conſeiller d'Etat, Lieutenant Général de Police audit Châtelet, y tenant le Siége le Mardi huitième Novembre mil ſix cent quatre-vingt-quinze. Par moi Jean-François Sifflet, Greffier en Chambre Criminelle & de Police dudit Châtelet, ſucceſſeur de défunt Me. Nicolas Tauxier l'aîné, vivant auſſi Greffier deſdites Chambres, le 22 Octobre 1735.

*Signé*, DE BEAUVAIS. Et ſcellé.

*Signé*, SAUVAGE.

A TOUS ceux qui ces préſentes Lettres verront, Gabriel-Jerôme de Bullion, Chevalier, Comte d'Eſclimont, Conſeiller du Roi en tous ſes Conſeils, Prevôt de Paris, SALUT. Sçavoir faiſons, que ſur la Requête faite en Jugement devant Nous, à l'Audience de la Chambre du Châtelet de Police de Paris, par Me. Jean-Baptiſte Bonnin, Procureur des Jurés Potiers de Terre à Paris, Demandeur en exécution des Sentences des 8 Novembre 1695, & 10 Janvier dernier, Défendeur, contre Me. Maillard, Procureur de Marc Bellamy, Compagnon Potier de Terre, Défendeur & Demandeur en oppoſitions auſdites Sentences, ſuivant les actes des ſept Décembre, & 23 Janvier derniers.

Parties ouïes en leurs plaidoyers & remontrances, lecture faite de nos Sentences ci-dessus datées, & autres Piéces des Parties; Nous avons la Sentence du dix Janvier dernier, déclarée nulle, sans s'arrêter à l'opposition de la Partie de Maillard, à l'exécution de celle du 8 Novembre 1695, dont il est débouté; ordonnons que ladite Sentence sera exécutée selon sa forme & teneur, avec dépens; ce qui sera exécuté sans préjudice de l'appel. En témoin de quoi Nous avons fait sceller ces Présentes, ce fut fait & donné par Messire Laurent Pasquier, Conseiller du Roi, Lieutenant Particulier audit Châtelet de Paris, tenant le Siége audit Châtelet le Mardi dix-sept Juillet mil six cens quatre-vingt-seize; & délivré pour seconde expédition, par moi Jean-François Sifflet, Greffier des Chambres Criminelle & de Police dudit Châtelet, comme ayant les Charges & Pratique de défunt Me. Nicolas Tauxier l'aîné, aussi

Greffier desdites Chambres, le Samedi 22 Octobre 1735. Collationné.

*Signé*, DE BEAUVAIS.

# DELIBERATION ET SENTENCE HOMOLOGATIVE D'ICELLE;

*Portant défenses aux Maîtres Potiers de Terre de vendre en regrat à leurs Compagnons ou autres Ouvriers.*

Des 8 Décembre 1698, & 27 Janvier 1699.

AUjourd'hui huitième Décembre mil six cens quatre-vingt-dix-huit, sont comparus pardevant Nous Conseillers du Roi, Notaires à Paris, soussignés, Jacques Patart, demeurant rue S. Maur, Paroisse S. Sulpice; Nicolas Raoul, rue Thevenot, Paroisse S.

Sauveur ; Nicolas Charpentier, rue de Bretagne, Paroiſſe Saint Nicolas des Champs ; Louis Collondre, grande rue du Bac, Paroiſſe S. Sulpice ; François Meliſſe, rue neuve & Paroiſſe S. Etienne-du-Mont ; Charles Laceré, rue neuve & Paroiſſe S. Medard, fauxbourg S. Marcel ; Pierre Mareſchal, rue Gracieuſe, ſuſdits fauxbourg & Paroiſſe ; Eſtienne Froment, rue ſainte Marguerite, Paroiſſe S. Sulpice ; Marin Griſon, rue Copeau, fauxbourg S. Marcel, Paroiſſe S. Medard ; Chriſtophe Maillet, fauxbourg S. Denis, Paroiſſe S. Laurent ; Robert Griſon, ſuſdite rue Copeau, fauxbourg & Paroiſſe ; Guillaume Gallemand, fauxbourg S. Honoré, Paroiſſe de la Magdelaine ; François Chomard, rue neuve & Paroiſſe S. Medard ; Antoine Petitroux, rue au Maire, Paroiſſe S. Nicolas des Champs ; Jacques Harivel, rue neuve & Paroiſſe S. Medard ; Louis Debrie, même rue & Paroiſſe ; Jean Nativelle, rue des Foſſés, Paroiſſe S. Eſtienne du Mont ; Jean Favet, rue Copeau, dite Paroiſſe; François Philippe, rue des Boucheries, Paroiſſe S. Sulpice; Philippe Gabet, rue d'Orleans, porte S. Denis, Paroiſſe S. Laurent; Robert Philippe Gabet, rue des Poſtes, Paroiſſe Saint Eſtienne du Mont; Pierre Lemaire, rue neuve & Paroiſſe S. Medard; Guillaume de Laſtre, rue ſainte Placide, Paroiſſe S. Sulpice; Louis Poullet, rue de la Clef, ſuſdit fauxbourg S. Marcel, Paroiſſe S. Medard; Louis Debrie l'aîné, grande rue du fauxbourg S. Denis, Paroiſſe S. Laurent; Jean Philippe l'aîné, rue des Foſſés, Paroiſſe S. Eſtienne du Mont; François Periac, rue de Bourbon, Paroiſſe de Notre-Dame de Bonne-nouvelle: Tous Maîtres Potiers de Terre & Carreleurs à Paris, leſquels ſur ce que Jacques Harivel, Dominique Marcelin, Mathieu le Royny, & Barnabé Chevalier, auſſi Maiſtres Potiers de Terre & Carreleurs à Paris, Jurés en charge de leur Communauté, pour ce préſens, leur ont remontré que pour éviter aux abus qui ſe gliſſent journellement par les Compagnons Potiers, & empêcher la continuation qu'ils font de divers ouvrages pour le public, malfaçonnés & contraires à leurs Statuts, même pour contenir lesdits Compagnons dans leur devoir, il seroit à propos non-seulement de faire un résultat sur ce sujet, mais encore d'empêcher par toutes voyes qu'aucun Maître Potier ne prête son nom ausdits Compagnons, parce que lesdits Compagnons étant gens sans aucun domicile fixe, & qui n'ont point d'action en Justice pour leur travail, les particuliers qui les employent souffrent notablement de la mal-façon de leurs ouvrages, ne sçachant à qui se prendre pour les réparer : Pourquoi lesdits Jurés estimoient qu'il étoit de l'avantage de la Communauté, & de la sureté pour le Public, de convenir qu'à l'avenir aucun Maître Potier ne vendra point de carreaux ausdits Compagnons & Regratiers, sous telle peine qu'il plairoit à Justice arbitrer, & sur ce demandoient le ſentiment deſdits Comparans.

Et après que la propoſition a été miſe en délibération, & fait ſur icelle toutes les réflexions qu'il a convenu à la pluralité des voix, a été arrêté & ſtatué, qu'à l'avenir leſdits Maîtres ni aucuns d'eux ne pourront vendre en gros aux Compagnons dudit métier ou Regratiers aucune marchandiſe de poterie & de carreaux, ni ne leur prêteront point leurs noms directement ni indirectement, le tout pour éviter aux abus qui ſe commettent, & afin que le Public ſoit bien & fidélement ſervi, & ſous telle peine qu'il plaira à Juſtice arbitrer : Et pour requérir l'homologation des Préſentes devant Monſieur le Lieutenant General de Police, & les faire déclarer communes avec ceux des Maîtres qui ſeroient refuſans de les conſentir, ont leſdits Comparans conſtitué leurs Procureurs leſdits quatre Jurés auſquels ils en donnent le pouvoir, de lever la Sentence qui interviendra, la faire ſignifier, & faire

faire ce qui ſera néceſſaire, leſd. Jurés y demeurans compris en leurs noms, & généralement promettant, &c. obligeant, &c. renonçant, &c. Fait & paſſé à Paris en la Chambre de leur Communauté ſituée au-deſſus de la Chapelle de S. Bon, Paroiſſe S. Mederic, l'an mil ſix cens quatre-vingt-dix-huit ledit jour huit Décembre avant midy, & ont ſigné, fors leſdits Robert Griſon, Antoine Petitroux & Jean-Philippe l'aîné, qui ont déclaré ne ſçavoir écrire ni ſigner, de ce enquis, ainſi qu'il eſt dit en la minutte des Préſentes demeurée à Me. du Sart, Notaire. *Ainſi ſigné*, DU SART & MELIN. Et ſcellé.

A Tous ceux qui ces Préſentes Lettres verront, Charles-Denis de Bullion, Chevalier, Conſeiller du Roi en ſes Conſeils, Prevôt de Paris, Salut. Sçavoir faiſons, que vû la Requête à Nous préſentée par les Jurés & Communauté des Maîtres Potiers de Terre de la Ville, Fauxbourgs & Banlieue de Paris, tendante à ce que pour les causes & raisons y mentionnées, le Résultat fait le 8 Décembre 1698, fût homologué pour être exécuté selon sa forme & teneur, suivant & conformément à icelui, défenses à tous Maîtres de ladite Communauté, de vendre en gros aux Compagnons dudit métier aucunes marchandises de potterie & de carreaux pour les revendre en regrat, ni prêter leurs noms ausdits Compagnons & autres Ouvriers pour l'entreprise d'aucuns ouvrages, à peine d'amende & de tous dépens, dommages & intérêts; notre Ordonnance du 14 Janvier 1699, étant au bas de ladite Requête, portant qu'elle sera communiquée au Procureur du Roi : Conclusions dudit Procureur du Roi du 15 dudit mois, par lesquelles il auroit consenti l'homologation dudit Résultat pour être exécuté selon sa forme & teneur; ledit Résultat fait entre la plus grande & ſaine partie des Maîtres de ladite Communauté ledit jour 8 Décembre 1698. Et tout vû & conſidéré. Nous, ayant aucunement égard à ladite Requête, Ordonnons que les Statuts & Réglemens de la Communauté des Potiers de Terre ſeront exécutés ſelon leur forme & teneur, & conformément à iceux, faiſons défenſes à tous Maîtres Potiers de Terre de vendre par regrat à leurs Compagnons ou autres Ouvriers, ſans préjudice toutefois de la liberté des Bourgeois. Ce qui ſera exécuté nonobſtant & ſans préjudice de l'apel, oppoſitions ou apellations quelconques. En témoin de ce, Nous avons fait ſceller ces Préſentes, faites & données par Meſſire Marc-René de Voyer de Paulmy d'Argenſon, Chevalier, Conſeiller du Roi en ſes Conſeils, Maiſtre des Requêtes ordinaire de ſon Hôtel, Lieutenant Général de Police de la Ville & Banlieuë de Paris, le vingt-ſeptième de Janvier mil ſix cens quatre-vingt-dix-neuf. Col=

lationné. *Signé*, TARDIVEAU. Et ſcellé.

*Signifié le contenu ci-deſſus & des autres parts au ſieur Collondre, pere, en parlant à ſa perſonne en ſon Domicile le* 26 *Mars* 1699. *par moi Pierre-Jean du Vivier, Huiſſier à Verge au Châtelet de Paris, y demeurant rue S. Martin, prés la rue Montmorency, ſouſſigné.*

*Signé*, JEAN DU VIVIER.

# SENTENCE ET ARREST DU PARLEMENT, CONFIRMATIF,

## CONTRE Nicolas Drouot, Compagnon Carleur,

*Portant défenses aux Compagnons d'entreprendre sur la Profession des Maîtres Potiers de Terre, & qui ordonne que les pauvres Maîtres & Compagnons de la Ville seront préférés aux Compagnons de Campagne, & condamne ledit Drouot aux dépens.*

Des 30 Juillet 1700 & 16 Février 1701.

*Exrait des Registres du Parlement.*

ENtre NICOLAS DROUOT, Compagnon Carleur à Paris, Appellant d'une Sentence rendue par le Lieutenant Général de Police du Châtelet le 30 Juillet 1700, d'une part, & les Jurés de la Communauté des Maîtres Potiers de Terre-Carleur de la Ville &

Fauxbourgs de Paris, Intimés, d'autre; après que Peroté, Avocat de l'Appellant, & Gueau, Avocat des Intimés, ont été oüis, ensemble Joly pour le Procureur Général du Roy; LA COUR a mis & met l'appellation au néant; ordonne que ce dont est appel sortira effet, condamne l'Appellant en l'amende & au dépens. FAIT en Parlement le seize Février mil sept cens un. Collationné. *Signé*, DONGOIS.

*Le 7 Mars* 1701, *signifié à Me le Page, Procureur.* Signé, *SIMON.*

*L'AN 1701, le 21 Mars, signifié baillé Copie à Nicolas Drouot en son domicile, parlant à sa Servante, par moi Huissier en Parlement soussigné.* Signé, *PEAN.*
*Et controllé à Paris.* Signé, *SALART.*

A TOUS ceux qui ces présentes Lettres verront, CHARLES-DENIS DE BULLION, Chevalier, Marquis de Gallardon, & autres lieux, Garde de la Ville, Prévôté & Vicomté de Paris; SALUT. Sçavoir faisons, que sur la Requête faite en Jugement devant Nous en la Chambre de Police par Me Jean-

Baptiſte Bonnin, Procureur des Jurés de la Communauté des Maîtres Potiers de Terre de la Ville & Fauxbourgs de Paris, Demandeurs aux fins de l'Exploit fait à leur requête par Jean Duvivier les 8 & 9 Février dernier, controllé à Paris le 11 dudit mois par Pontaine, tendant à ce que la Saiſie faite ſur le Défendeur ci-après nommé de dix milliers de carreaux, au paſſage duquel il auroit été trouvé travaillant, fût déclarée bonne & valable, les choſes ſaiſies confiſquées, avec défenſes audit ci-après nommé, & à tous autres ſe diſans Compagnons Carleurs, d'entreprendre ſur la Profeſſion deſdits Potiers de Terre, ni s'immiſcer dans aucun Hattelier, de carler, poſer les Ouvrages deſdits Potiers de Terre, leſquels ſeront maintenus & gardés dans le droit & faculté de poſer leurs carreau & Ouvrages, aſſiſtés de Me Pillon leur Avocat, contre Me Laurent Maillard, Procureur du nommé Drouot, ſe diſant & prétendant Carleur à Paris, Défendeur, assisté de Me Paillet son Avocat, Parties oüies, en leurs Plaidoyers & Remontrances, lecture faite des Réglemens & Sentences de Police rendus tant contre lesdits Compagnons Carleurs, que contre les Maîtres Maçons & autres Particuliers, qui se sont immiscés dans le posage dudit carreau : Oüi Noble Homme Me Gouallard, Conseiller, Avocat du Roy en ses Conclusions, Nous ordonnons que les Statuts & Réglemens de la Communauté des Maîtres Potiers de Terre seront exécutés selon leur forme & teneur; faisons défenses aux Compagnons Carleurs, Parties de Quillet, d'entreprendre de poser des carreaux pour leur propre compte, mais seulement pour celui des Maîtres Potiers de Terre, le tout néanmoins sans préjudice de la liberté des Bourgeois, qui pourront se servir de tels Compagnons & Ouvriers que bon leur semblera, en fournissant par lesdits Bourgeois tous les matériaux, outils & uſtancils néceſſaires; & à l'égard de la fabrique du carreau & des autres Ouvrages de Terre, diſons, que les pauvres Maîtres & Compagnons de Ville ſeront préférés aux Compagnons de Campagne à prix égal; & quant aux paſſagers, que les M$^{tres}$ pourront employer concurremment les uns & les autres; & néanmoins pour cette fois, la main-levée proviſoire demeurera définitive après la déclaration des Parties de Quillet; que les carreaux ſaiſis ont été employés & poſés; avons les Parties de Quillet condamnés aux dépens pour tous dépens, dommages & intérêts, & ordonné que notre préſente Sentence ſera inſérée dans les Regiſtres de la Communauté des Maîtres Potiers de Terre, & exécutée, nonobſtant & ſans préjudice de l'appel. En témoin de ce, Nous avons fait ſceller ces Préſentes. Ce fut fait & donné par M. Marc-René de Voyer Dargenſon, Conſeiller du Roy en ſes Conſeils, Lieutenant Géneral de Police, tenant le Siége le Vendredy trente Juillet mil ſept cens. Collationné.

*Signé*, DOYARD.

*Scellé.* Signé, BUGUET. *Et ſignifié à Me Maillard à domicile, le 7 Septembre* 1700.

## SENTENCE DE POLICE,

Portant défenſes aux Maîtres Fayanciers de vendre des groſſes Poteries de Terre.

*Du 5 Septembre* 1730.

A TOUS ceux qui ces préſentes Lettres verront, GABRIEL-JEROSME DE BULLION, Chevalier, Comte d'Eſclimont, Meſtre de Camp du Régiment de Provence, Infanterie, Conſeiller du Roy en ſes Conſeils, Prévôt de Paris; SALUT. Sçavoir faiſons, que ſur la Requête faite en Jugement devant Nous à l'Audience de la Chambre de Police du Châtelet de Paris par Me René-Paul Bailly, Procureur du Sr Philippes Mezanges, Maître & Marchand Fayancier,

Verrier, Emailleur à Paris, Demandeur en main-levée de la Saiſie faite des Marchandiſes Foraines de la Poterie d'Epernay en Champagne, qu'il avoit fait venir pour l'abondance de la Foire Saint Germain, ſaiſie à la requête des Jurés Potiers de Terre ci-après nommés, avec dépens, dommages & intérêts, ſuivant & aux fins de la Requête à Nous préſentée le 18 Février 1729, & Exploit fait en conſéquence le 18 par Blaru, Huiſſier à cheval en cette Cour, dûement controllé à Paris le même jour par Deshuirs, & en exécution de notre Ordonnance du 21 dudit mois, Défendeur à l'oppoſition formée à l'exécution d'icelle, & encore Demandeur aux fins de ſes Requêtes verbales ſignifiées en l'inſtance les 9 Mars, 27 Juillet & 30 Août enſuivant, & Défendeur aux intervention & demandes formées par les ci-après nommés, aſſiſtés de Me Duret ſon Avocat, contre Me Bechu, Procureur des Jurés de la Communauté des Maîtres Potiers de Terre, Carleurs à Paris, saisissans les Marchandises reclamées par ledit Mezanges, par Exploit du 17 Février 1729, Demandeurs aux fins de leur Requête verbale, signifiée le 2 Mars ensuivant, & aux fins de leur demande incidente portée par les défenses signifiées le 10 dudit mois, & encore Demandeurs aux fins d'autre Exploit de saisie du 5 Avril ensuivant, assistés de Me Frouard leur Avocat, Me Millet, Procureur des Jurés de la Communauté des Maîtres & Marchands Verriers, Fayanciers, Emailleurs à Paris Intervenans, Demandeurs aux fins de leur Requête verbale signifiée le 26 Août 1729, assistés de Me Sandrier leur Avocat, Me du Four, Procureur des Sieurs Pierre Desireux, Antoine Inselin, Jean Drouillard, Louis de la Role & autres, anciens, modernes & jeunes Maîtres de la Communauté des Maîtres Pannotriers, Boutonniers en Emaille, Marchands Verriers, Fayanciers à Paris, aussi Intervenans, suivant leurs Requêtes verbales signifiées le 14 Novembre audit an, & M^e Boucher, Procureur des Syndics, Propriétaire de la Foire franche de Saint Germain des Prez, Intervenant pour le maintien des Priviléges attribués à ladite Foire, par Lettres Patentes de l'Etablissement d'icelle, & Jugement rendu en conséquence, suivant & aux fins de ladite Requête verbale, signifiée le 18 Mars dernier, assistés de M^e Thiebart : Parties oüies, Nous, après qu'il en a été déliberé sur les Pieces & Dossiers des Parties, recevons les Parties de Bechu, de Millet & de du Four intervenantes, sans s'arrêter à leur intervention, Nous déclarons bonne & valable la Saisie dont est question; les choses saisies seront vendues, & par grace, sans tirer à conséquence, le prix provenant de la vente sera rendu à la Partie de Bailly, sur quoi cependant sera préalablement pris la somme de 100 livres, en laquelle

Nous condamnons la Partie de Bailly par forme de dommages & intérêts envers celles de Bechu, ladite Partie de Bailly condamnée pareillement en 10 livres d'amende pour la contravention: Nous disons, que les Statuts, Arrests & Réglemens concernant les deux Communautés des Potiers de Terre & des Fayanciers, seront exécutés, & notamment la Sentence du 20 Novembre 1699, & l'Arrest du 22 Mai 1702: En conséquence, Nous faisons très-expresses défenses & inhibitions aux Parties de Millet & de Bailly d'entreprendre à l'avenir sur la Profession des Parties de Bechu, que Nous maintenons dans le droit & possession de faire & vendre les grosses Poteries; au surplus les Parties de Millet & de Bailly maintenues dans le droit de faire & vendre les fines Poteries, & les Marchandises de leur Profession, seront vûes & visitées par les Jurés seuls de leur Communauté; les Parties de Boucher, de du

Four, de Millet & de Bailly condamnées aux dépens : En témoin de ce, Nous avons fait ſceller ces Préſentes. Ce fut fait & donné par Meſſire RENE' HERAULT, Chevalier, Seigneur de Fontaine-Labbé, Vaucreſſon & autres lieux, Conſeiller d'Etat, Lieutenant Général de Police de la Ville, Prévôté & Vicomté de Paris, y tenant le Siége le Mardy cinq Septembre mil ſept cens trente. Collationné. *Signé*, CUYRET.

*Scellé le* 8 *Novembre* 1730. *Reçu trente ſols.* DOYARD.

*Signifié & baillé Copie à Mes Bailly, Millet, Boucher & du Four, Procureurs à domicile , ce huit Novembre mil ſept cens trente.* ROYER.

# SENTENCE

*Contre le nommé* HANNEL, *Thuillier, à Briere-le-Châtel,*

Portant défenſes d'introduire, vendre & débiter aucunes Marchandiſes de Carreaux, ni autres Poteries de Terre dans Paris.

*Du* 25 *Janvier* 1737.

A TOUS ceux qui ces préſentes Lettres verront, GABRIEL-JEROSME DE BULLION, Chevalier, Comte d'Eſclimont, Prévôt de Paris; SALUT. Sçavoir faiſons, que ſur la Requête faite en Jugement devant Nous en la Chambre de Police du Châtelet de Paris, par M^e Pierre Bechu, Procureur des Sieurs Jurés de préſent en Charge, de la Communauté des Maîtres Potiers de Terre-Carleurs à Paris, Demandeurs, ſuivant l'Exploit l'Exploit de de Laborne, Huissier à Verge en cette Cour, du 28 Août dernier, controllé le 30 par Lacroix & présenté, à ce que la Saisie faite ledit jour d'une voiture de Carreaux amenée à Paris par le Sieur Hannel, de l'ordre du Sieur Thevenin, Maître Mâçon, fût déclarée valable, avec confiscation, amende, dommages-intérêts, & dépens, Défendeurs à la Requête verbale d'intervention dudit Thevenin du 31 dudit mois d'Août, tendante à ce qu'il eût Lettres de la reclamation qu'il faisoit des marchandises de Carreaux mentionnées en la susdite Saisie, laquelle seroit déclarée nulle & déraisonnable, main-levée d'icelle, défenses de le plus troubler, 1000 livres de dommages-intérêts, & dépens, & encore Demandeurs incidemment par leurs défenses du 9 Novembre dernier, à fin de validité contre le Sieur Thevenin de ladite Saisie, confiscation, défenses de plus entreprendre sur la Profession des Demandeurs, 100 livres d'amende, 500 livres de dommages-intérêts, & dépens, & que la Sentence qui interviendroit seroit imprimée, lûe, publiée & affichée, assistés de M^e Sandrier, Avocat, contre M^e Bouillerot, Procureur du Sieur Hannel, Marchand Thuillier à Briere-le-Châtel, Défendeur audit Exploit, & encore Procureur du Sieur Thevenin, Maître Mâçon, Entrepreneur de Bâtimens à Paris, Demandeur en intervention, & Défendeur à ladite demande incidente: Oüi ledit M^e Sandrier en son Plaidoyer, & par vertu du défaut par Nous donné contre ledit Bouillerot, non comparant ni autre pour lui dûement appellé, lecture faite des Pieces & de l'avenir signifié à ce jour. Nous avons reçu le Sieur Thevenin l'une des Parties défaillantes, Partie intervenante, & faisant droit sur toutes les demandes, avons la Saisie de la voiture de Carreaux en question déclarée bonne & valable, & confisqué lesdits Carreaux au profit des Parties de Sandrier ; faiſons défenſes auſdites Parties défaillantes d'entreprendre ſur la Profeſſion des Parties de Sandrier, introduire, vendre & débiter, ni faire introduire aucunes marchandiſes de Carreaux ni autres marchandiſes de Poterie de Terre : Et pour leur contravention, les condamnons chacun en 12 livres de dommages & intérêts, 3 livres d'amende, & aux dépens. Et ſera la préſente Sentence imprimée, lûe, publiée & affichée par tout où beſoin ſera aux frais & dépens deſdites Parties défaillantes ; ce qui ſera exécuté nonobſtant & ſans préjudice de l'appel, & ſoit ſignifiée. En témoin de quoi Nous avons fait ſceller ces Préſentes, qui furent faites & données par Meſſire RENE' HERAULT, Chevalier, Seigneur de Fontaine-Labbé, Vaucreſſon & autres lieux, Conſeiller d'Etat & Lieutenant Général de Police au Châtelet de Paris, tenant le Siége le Vendredy vingt-cinq Janvier mil ſept cens trente-ſept. *Signé*, CUYRET. Collationné. *Signé*, P. CAILLET.

## SENTENCE DE POLICE,

*Contre le Sieur Aſſelin, Veuve Reverand & Thomas Delaporte, qui leur font défenſes, & à tous Potiers de Terre, d'avoir deux Boutiques ouvertes dans la Ville de Paris.*

Du 29 Mars 1743.

A TOUS ceux qui ces préſentes Lettres verront, GABRIEL-JEROSME DE BULLION, Chevalier, Comte d'Eſclimont, Prévôt de Paris; SALUT. Sçavoir faiſons, que ſur la Requête faite en Jugement devant Nous à l'Audience de la Chambre de Police au Châtelet de Paris, par M^e Olivier le jeune, Procureur des Jurés en Charge de la Communauté des Maîtres Potiers de Terre-Carleurs à Paris, Demandeurs au principal, en confirmation de l'avis de M. le Procureur du Roy, du 20 Décembre dernier, ſuivant la Requête verbale du 11 du même mois, & en exécution de notre Sentence du 11 Janvier dernier, Défendeurs aux Requêtes verbales d'oppoſition du 31 du même mois, & 6 Février dernier, avec dépens, aſſiſtés de Me Thiebart, Avocat: contre Me Courleſveaux L. Procureur du Sieur Aſſelin, Maître de ladite Communauté, Défendeur au principal, & Demandeur en oppoſition à l'exécution de notre Sentence, aſſiſté de Me Deſmoulins ſon Avocat; Me de l'Orme L. Procureur de la Veuve Reverand, Maîtreſſe de ladite Communauté, Défendereſſe & oppoſante à notredite Sentence, aſſiſtée de Me Dhiers ſon Avocat, & Me Denis, Procureur de Thomas Delaporte, auſſi Maître de ladite Communauté, Défendeur au principal, & oppoſant à notredite Sentence, aſſiſté de Me Rouſſelot ſon Avocat. Parties oüies, Nous avons lesdites Parties de Desmoulins, Rousselot & Dhiers, reçues opposantes à l'exécution de notre Sentence : Disons, que dans quinzaine pour tout délai, elles seront tenues de fermer l'une des deux Boutiques qu'elles tiennent ouvertes, sinon, permis aux Parties de Thiebart de les faire fermer aux frais des Parties de Desmoulins, Rousselot & Dhiers; Lettres à Dhiers pour sa Partie de ce qu'elle opte la Boutique des petits Carreaux, comme la fermeture de celle de la Halle : faisons défenses à tous autres Maîtres Potiers de Terre d'avoir deux Boutiques ouvertes, condamnons les Parties de Desmoulins, Rousselot & Dhiers aux dépens; & sera notre présente Sentence imprimée, lûe, publiée & affichée, même inscrite sur les Registres de la Communauté, aux frais des Parties de Desmoulins, Rousselot & Dhiers; ce qui sera exécuté nonobstant & sans préjudice de l'appel. En témoin de ce, Nous avons fait sceller ces Préſentes. Fait & donné par M. DE MARVILLE, Lieutenant Général de Police au Châtelet de Paris, tenant le Siége le Vendredi vingt-neuf Mars mil ſept cens quarante-trois. Collationnée avec Paraphe. *Signé*, LAMBERT.

*Scellée le deux Avril mil ſept cens quarante-trois.* Signé, *SAUVAGE.*

Signifiée à Mes Delorme, Courleſvaux & Denis, Procureurs à domicile, le deux Avril mil ſept cens quarante-trois. *Signé*, PICQUE.

# SENTENCE DE POLICE,

*Contre les Compagnons Potiers de Terre & Carleurs de ladite Communauté.*

Du 20 Juillet 1743.

A Tous ceux qui ces présentes Lettres verront, GABRIEL-JEROSME DE BULLION, Chevalier, Comte d'Esclimont, Seigneur de Vieuville & autres lieux, Maréchal des Camps & Armées du Roy, son Conseiller en tous ses Conseils, Prévôt de la Ville, Prévôté & Vicomté de Paris; SALUT. Sçavoir faisons, que vû par Nous CLAUDE-HENRY FEYDEAU, Chevalier, Seigneur de Marville, Conseiller du Roy en ses Conseils, Maître des Requêtes ordinaire de son Hôtel, Lieutenant Général de Police de la Ville, Prévôté & Vicomté de Paris, la Requête à Nous présentée par les Jurés de présent en Charge de la Communauté des Maîtres Potiers de Terre & Carleurs à Paris, expositive que par les Statuts & Réglemens de leur Communauté; il est fait défenses à tous Compagnons dudit Métier de quitter le service des Maîtres pour aller servir d'autres Maîtres, sans avoir averti leursdits Maîtres un mois avant leur sortie, & à aucuns Maîtres audit Métier de prendre à leur service aucuns Compagnons sans le consentement du Maître d'où il sort, aux termes de l'Article IV. desdits Statuts; néanmoins les Compagnons Potiers ainsi que les Compagnons Carleurs travaillans en Ville, quittent journellement leursdits Maîtres, & laissent les Ouvrages par eux commencés imparfaits, ce qui fait un tort considérable aux Bourgeois qui ne peuvent occuper par ce moyen leurs Appartemens, ainsi qu'ausdits Maîtres qui reçoivent non-seulement des reproches, mais encore des sommations, & essuyent des Procès avec lesdits Bourgeois ; & comme lesdits Compagnons Potiers de Terre & les Carleurs s'assemblent & font des cabales dans des Cabarets à l'Eau-de-vie, pour laisser leursdits Maîtres, & pour exiger des sommes considérables pour leurs journées & toisés de leurs Ouvrages, Nous aurions rendu plusieurs Sentences, tant contre les Compagnons Cartiers, Cordonniers & autres, qui font défenses à tous Compagnons Carleurs, Cordonniers & autres, qui font défenses à tous Compagnons de s'atrouper & d'exiger des prix plus haut que ceux qui seront tous les ans réglés par les Jurés desdites Communautés : Les Supplians ayant un interêt sensible que le semblable soit observé dans leur Communauté, ils auroient conclu par ladite Requête à ce qu'il Nous plût leur permettre de faire arrêter & constituer prisonnier, par tels Exempts qu'il Nous plairoit commettre, les Compagnons Potiers & Compagnons Carleurs qu'ils sçauroient s'asſembler & cabaler, laiſſer leurs Ouvrages imparfaits; qu'il leur fût fait défenſes de quitter leur Maître ſans avoir averti un mois auparavant; comme auſſi de s'aſſembler ni cabaler, même de quitter les Ouvrages commencés, ni d'exiger des prix autres que ceux qui ſeroient réglés tous les ans par les Jurés de ladite Communauté; ladite Requête ſignée LAGRANGE, BOUDIN, PERRIAC HENRY, CHEVRETEAU, & GOUIN, avec THIBAULT, Procureur du Châtelet, ſur laquelle eſt notre Ordonnance de ſoit montré au Procureur du Roy, en datte du 17 du préſent mois de Juillet, les Concluſions du Procureur du Roy, enſemble les Statuts de ladite Communauté: Tout vû & conſidéré, Nous, oüi ſur ce le Procureur du Roy: Diſons, que les Statuts de la Communauté des Maîtres Potiers de Terre & les Carleurs, ſeront exécutés ſelon leur forme & teneur; en conſéquence, ordonnons que, conformément à l'Article IV.

desdits Statuts, les Compagnons Potiers de Terre & les Carleurs ne pourront à l'avenir quitter les Maîtres, veuves de Maîtres chez lesquels ils travailleront, sans les avoir averti un mois auparavant leur sortie, pris d'eux un Certificat par écrit de leur bonne vie & mœurs, portant consentement de servir où bon leur semblera, & aux Maîtres de ladite Communauté de les recevoir chez eux pour y travailler, qu'il ne leur soit apparu du Certificat du dernier Maître de chez lequel ils seront sortis, à peine de 20 livres d'amende, tant contre les Maîtres que contre les Compagnons contrevenans : Faisons défenses ausdits Compagnons d'abandonner & laisser lesdits Ouvrages qu'ils auront commencés imparfaits, de cabaler ni s'attrouper dans les Cabarets, Auberges, Chambres Garnies, ou autres lieux de cette Ville & Fauxbourgs de Paris, ni d'exiger plus haut prix que celui qui leur sera réglé tous les ans dans une Aſſemblée de tous les Maîtres de ladite Communauté, à peine de priſon, même d'être procedé contr'eux extraordinairement, s'il y échet; permettons aux Supplians & à ceux qui leur ſuccederont dans ladite Commiſſion, de ſe faire accompagner d'un Commiſſaire, d'un Huiſſier du Châtelet & autres Officiers de Juſtice néceſſaires, à l'effet de faire arrêter & conſtituer priſonniers ceux deſdits Compagnons qui ſe trouveront en contraventions, & ordonnons que notre préſente Sentence ſera, à la diligence des Supplians, tranſcrite ſur le Regiſtre de ladite Communauté, lûe, publiée & affichée dans le Bureau d'icelle, & dans tous les lieux & carrefours accoûtumés de cette Ville & Fauxbourgs, & par tout où beſoin ſera; ce qui ſera exécuté nonobſtant & ſans préjudice de l'appel. En témoin de quoi, Nous avons fait ſceller ces Préſentes, qui furent faites & données par Nous Juge ſuſdit le vingt Juillet mil ſept cens quarante-trois. *Signés*, LEGRAS & LAMBERT. Avec Paraphe.

*Scellée le vingt-deux Juillet mil ſept cens quarante-trois.* Signé, *SAUVAGE.*

## ARREST DU CONSEIL,

*QUI ordonne que les Articles VIII, XV & XVII. de leurs Statuts ſeront exécutés, & que ladite Communauté continuera de jouir des Droits de dix ſols par charetée de poterie, & cinq ſols pour chaque millier de carreaux & briques, portés par la Déclaration du 5 Mai 1693, que leſdits Maîtres & Veuves feront venir à Paris.*

Du 22 Mai 1745.

*Extrait des Regiſtres du Conſeil d'Etat.*

SUR la Requête préſentée au Roy en ſon Conſeil par les Jurés en Charge & Communauté des Maîtres Potiers de

Terre de la Ville & Fauxbourgs de Paris : contenant, que par Edit du mois de Février 1745, portant création des Offices d'Inſpecteurs & Controlleurs des Maîtres & Gardes dans les corps des Marchands, & des Jurés dans les Communautés d'Arts & Métiers du Royaume ; il a été permis auſdites Communautés de réunir chacun en droit ſoi leſdits Offices d'Inſpecteurs & Controlleurs, dont la finance a été fixée par un Rolle arrêté au Conſeil, où la Communauté des Supplians ſe trouve compriſe pour la ſomme de 2000 livres en exécution deſquels Edit & Rolle de ladite Communauté, pour marquer ſon entiere obéiſſance aux volontés de Sa Majeſté, a fait ſa ſoumiſſion de payer pour la réunion deſdits Offices d'Inſpecteurs & Controlleurs, à celui qui ſera prépoſé par Sa Majeſté pour recevoir le prix de la finance deſdits Offices, ladite ſomme de 2000 livres en trois payemens égaux, dont le premier commencera dans le courant du mois de Juin prochain, le ſecond dans le mois d'Octobre ſuivant, & le troiſiéme & dernier dans le mois de Décembre de la préſente année. Mais comme la Communauté des Supplians n'a aucuns fonds; qu'elle n'eſt pas même libérée des dettes qu'elle avoit précédemment contractées pour les beſoins de l'Etat: qu'ainſi elle ſera obligée d'emprunter pour ſatisfaire à ſa ſoumiſſion; elle a beſoin de quelques ſecours: pour faciliter ſon emprunt, & la mettre en état de payer aux échéances non-ſeulement les arrérages de la rente qui proviendra de cet emprunt, mais encore d'acquitter de tems à autres quelques choſes ſur le principal, afin qu'elle ſoit libérée le plus promptement qu'il ſera poſſible. Le ſecours qui a paru le moins à charge à la Communauté eſt de percevoir les droits attribués par la Déclaration du 5 Mai 1693 regiſtrée au Parlement le 26 du même mois; enſemble

ceux

ceux attribués par l'Article XV. de leurs Statuts, dont le payement avoit été suspendu par la négligence des précédens Jurés, & de veiller en outre à l'exécution des Articles VIII. & XVII. desdits Statuts. La perception de ces droits facilitera l'emprunt qui devient absolument nécessaire pour la réunion à leur Communauté desdits Offices d'Inspecteurs, Controlleurs. Requerant à ces causes les Supplians, qu'il plaise à Sa Majesté ordonner qu'en payant par leur Communauté, suivant la soumission des Jurés en charge, à celui qui sera préposé pour le recouvrement de la finance qui doit provenir de l'exécution de l'Edit du mois de Février dernier, portant création desdits Offices d'Inspecteurs & Controlleurs, la somme de 2000 livres en trois payemens égaux, dont le premier commencera dans le courant de Juin prochain, le second dans le mois d'Octobre suivant, & le troisiéme & dernier dans le mois de Décembre de la présente année, les Offices d'Inspecteurs, Controlleurs des Jurés de la Communauté des Suppliants créés par ledit Edit du mois de Février dernier, ensemble les fonctions & droits y attribués, demeureront réunis & appartiendront à ladite Communauté, aux gages actuels & effectifs de 100 livres par an, dont le fond sera employé dans les Etats des finances de la Généralité de Paris, à commencer du premier Avril dernier, pour en jouir conformément audit Edit; autoriser ladite Communauté pour faciliter le payement de ladite somme de 2000 livres, d'en faire l'emprunt; & pour la mettre en état de payer aux échéances les arrérages des rentes dûes par la Communauté, & de rembourser dans la suite les principaux, ordonner que les Articles VIII. XV. & XVII. des Statuts de la Communauté des Suppliants, ensemble la Déclaration du 5 Mai 1693, seront exécutés selon leur forme & teneur; ordonner en outre que les gages & droits de visite attribués par l'Edit du mois de Février dernier ausdits Offices d'Inspecteurs-Controlleurs, seront affectés & hypotequés par privilége spécial à ceux qui prêteront ladite somme de 2000 livres. Vû ladite Requête, signée Hecquart, Avocat des Supplians, la soumission du 7 Mai 1745 : Oüi le Rapport du Sieur ORRY, Conseiller d'Etat ordinaire & au Conseil Royal, Controlleur Général des Finances. LE ROY EN SON CONSEIL, a agréé & reçu la soumission faite le 7 Mai présent mois, par la Communauté des Maîtres Potiers de Terre de la Ville & Fauxbourgs de Paris, de payer la somme de 2000 livres pour la réunion de quatre Offices créés dans ladite Communauté par l'Edit du mois de Février 1745. Et en conséquence, a ordonné & ordonne qu'en payant ladite somme de 2000 livres dans les termes énoncés dans ladite soumission, lesdits Offices d'Inspecteurs &

Controlleurs des Jurés seront & demeureront réunis à ladite Communauté pour par elle jouir de 100 livres de gages effectifs, ensemble des droits & prérogatives attribués ausdits Offices, dont les fonctions seront exercées par les Jurés successivement en charge, sans que ladite Communauté soit tenue de payer les deux sols pour livre de ladite finance, dont Sa Majesté lui fait don & remise. Permet Sa Majesté à ladite Communauté, pour lui faciliter le payement de la finance desdits Offices, d'emprunter ladite somme de 2000 livres, d'affecter & hypotequer au profit de ceux qui prêteront leurs deniers, les gages & droits attribués ausdits Offices, ensemble ses autres biens & revenus, & de passer à cet effet tous Contrats de constitution sur ce nécessaires. Et pour mettre ladite Communauté en état de rembourser les sommes qu'elle aura empruntées, ordonne Sa Majesté que les Articles VIII. XV. & XVII. de leurs

Statuts ſeront exécutés ſelon leur forme & teneur, & que ladite Communauté continuera de jouir des droits qui lui ſont attribués par la Déclaration du 5 Mars 1693, leſquels droits ſeront pareillement affectés & hypotequés au payement des arrérages des rentes qui proviendront de l'emprunt deſdits 2000 livres, même ſeront employés au rembourſement du principal, à l'effet de quoi les Jurés ſeront tenus d'en compter chaque année, ainſi que du produit des gages & droits attribués auſdits Offices réunis. FAIT au Conſeil d'Etat du Roy, tenu au Camp devant Tournay, le vingt-deuxiéme jour de Mai mil ſept cens quarante-cinq. Collationné.

*Signé*, DE VOUGNY.

# SENTENCE DE POLICE

*Portant défenſes à toutes perſonnes qui ne ſeront reçûes Maîtres, de colporter ou faire colporter, vendre & faire vendre aucunes Marchandiſes dudit Métier par les rües de Paris.*

A Tous ceux qui ces préſentes Lettres verront, Gabriel-Jerôme de Bullion, Chevalier, Comte d'Eſclimont, Prevôt de Paris, SALUT. Sçavoir faiſons, que ſur la Requête faite en Jugement devant Nous à l'Audience de la Chambre de Police du Châtelet de Paris, par M^e. Bourdin, Procureur des Sieurs Jacques-François Toupiolle, Pierre Lamotte, Pierre le Tellier, Nicolas Fontaine, Jean-Baptiſte Fillié, Simon Fillié, Jean-Baptiſte Charbonnier, Pierre Stocquelet, Georges Gricourt, Roch-Grégoire Riquet, Jacques Barthelemi Hebert, Pierre-Noel

Bourquin, Jean Bras, Antoine Bloquet, Etienne Cartier, Jean le Marquis, Joſeph Duclou, François Vallé, Charles Callon, Jacques Perſennet, Thomas la Porte, Claude l'Affineur, René Vallet, Rieul Riquet, François Barbier, Richard Aſſelin, Jean-Jacques Argou, Denis-Adrien-Gaſpard Reverend, Barthelemi-Joſeph Phalampin, Jacques Brou, Nicolas Hurtault le fils, Antoine Canterelle, Jean-Baptiſte Audy, veuve Révérand, François Barbet, Claude Jacob, Guillaume Rouxelin, Joſeph Faverin, Jean-Pierre Redon, tous Maîtres Potiers de Terre & Carleurs à Paris, Demandeurs, ſuivant & aux fins de leur Requête à Nous préſentée le 18 Janvier dernier, & de l'Exploit fait en conſéquence par Marchand Huiſſier à Verge en cette Cour, le 24 dudit mois dûement contrôlés & préſentés, tendante aux fins y contenues, Défendeurs à la demande incidente du 7 Mars dernier, Demandeurs en exécution de notre Sentence du dix Juin suivant, & Défendeurs à la Requête du 23 du présent mois : Contre Me. Olivier le jeune, Procureur des sieurs Toussaint Prud'homme, Jacques Dufrenois, Louis-Gilbert Fricotté, Nicolas-Simon Hutant, Jurés en charge de la Communauté des Maîtres Potiers de Terre Carleurs à Paris, de l'année 1745 à 1746, Défendeurs aux Requêtes & Exploit susdatés, & incidemment Demandeurs, suivant leurs moyens de défenses dudit jour 17 Mars susdatés, Défendeurs en exécution de notre Sentence du 10 Juin aussi susdatée, & Demandeurs aux fins de la susdite Requête du 23 du présent mois : Et encore contre Me. Gellay, Procureur de la veuve Lemaître dite la Croix, se prétendant Maîtresse Potiere de Terre à Paris, aussi Défenderesse aux Requête, Exploit & Sentence susdatés. NOUS, faisant droit sur les demandes & contestations des Parties, Disons que les Statuts de la Communauté des Maîtres Potiers de Terre & Carleurs de cette Ville, Arrêts & Reglemens de Police, seront exécutés selon leur forme & teneur; En conséquence, faisons défenses aux Jurés de recevoir à l'avenir à la Maîtrise dudit métier de Potier de Terre & Carleur quelque personne que ce soit, qu'il n'ait été apprentif chez les Maîtres de ladite Communauté pendant quatre ans, inscrit en cette qualité sur le Registre de la Confrérie, & qu'il n'ait été pareillement Compagnon chez lesdits Maîtres pendant quatre autres années; comme aussi de recevoir à ladite Maîtrise aucune femme, à peine contre les Jurés de deux cens livres d'amende, & contre lesdits Maîtres ainsi reçus, de nullité de leur réception; & attendu que la partie de Gellay n'a jamais été femme de Maître Carleur, & qu'en conséquence elle ne peut jouir des droits de Veuve de Maître Carleur, lui faisons défenses d'avoir Boutique ouverte, travailler, vendre ou faire vendre aucune marchandiſe dudit Métier, à peine de ſaiſie, confiſcation des marchandiſes, & d'amende telle qu'il appartiendra, ſon nom rayé du Tableau des Maîtres & Veuves de ladite Communauté, défenſes à elle faites d'en prendre la qualité; comme auſſi défenſes à toutes perſonnes telles qu'elles ſoient, ſi elles ne ſont Maîtres conformément aux Statuts, de colporter ou faire colporter, vendre ou faire vendre par les ruës de Paris ou par aſſiette aucunes marchandiſes dudit métier, à peine de confiſcation ou d'amende, tant contre ceux qui colportent, que contre ceux qui font colporter; Défenſes pareillemeut à tous Maîtres de ladite Communauté de faire vendre ou colporter leurs marchandiſes par gens ſans qualité, ſous quelque prétexte que ce ſoit, ou par leurs domeſtiques, tenus de les vendre par eux-mêmes, ou par leurs femmes, à peine de ſaiſie, confiſcation des marchandiſes & d'amende telle qu'il appartiendra ſuivant l'exigence des cas : Sur le ſurplus des demandes & conteſtations, les Parties miſes hors de Cour & de Procès. Et la préſente Sentence imprimée, lue, publiée & affichée par tout où beſoin ſera, & inſcrite dans les Regiſtres de la Communauté, les Parties d'Olivier le jeune & de Gellay condamnées aux dépens, ce qui ſera exécuté nonobſtant & ſans préjudice de l'appel. En témoin de ce Nous avons fait ſceller ces Préſentes, faites & données par Monſieur Maître Moreau, premier Avocat du Roi en ſon Châtelet, & prononcées par Meſſire Claude-Henry Feydeau de Marville, Chevalier, Conſeiller du Roi en ſes Conſeils, Maître des Requêtes ordinaire de ſon Hôtel, Lieutenant Général de Police de la Ville de Paris, tenant le Siége le Vendredi deux Septembre 1746. Collationné. *Signé*, DE BEAUVAIS. Scellé le 6 Septembre 1746. *Signé*, SAUVAGE.

# SENTENCE DE POLICE.

*Portant défenſes aux Maîtres Chandeliers de vendre aucune Marchandiſe de Poterie & Grais.*

Du 12 Janvier 1748.

A Tous ceux qui ces préſentes Lettres verront : Gabriel-Jerôme de Bullion, Chevalier, Comte d'Eſclimont, Prévôt de Paris; Salut. Sçavoir faiſons : Que ſur la Requête faite en Jugement devant Nous, en l'Audience de la Chambre de Police du Châtelet de Paris, par M^e. Bourdin, Procureur des ſieurs Richard Aſſelin, & Nicolas Fontaine, Maîtres Potiers de Terre & Carreleurs à Paris, & Jurés en Charge de leur Communauté, Demandeurs aux fins de leur Requête à Nous préſentée le 25 Février 1747, & de leur exploit de ſaiſie faite en conſéquence le ſept Mars audit an, par Delaborne, Huiſſier à Verge en cette Cour; controllé le dix dudit mois de Mars par Piton, & préſenté par Me. Fauvel, le quinze Avril ſuivant, tendante à ce que la ſaiſie faite ſur le ci-après nommé ſoit déclarée bonne & valable; que défenſes lui ſoient faites de plus à l'avenir entreprendre ſur ledit Métier de Potiers de Terre, vendre ni débiter aucunes Marchandiſes dudit Métier; & que pour l'avoir fait le Défendeur ſoit condamné en tels dommages intérêts & amendes qu'il plaira à Juſtice arbitrer; & la Sentence qui interviendroit, lûe, publiée & affichée, par tout où beſoin ſeroit & autres fins y contenues avec dépens, & encore Défendeurs à la demande incidente portée aux Ecritures du 28 Avril dernier, & Défendeurs en exécution de notre Sentence qui ordonne qu'il en ſoit délibéré entre nos mains; du 18 Août dernier: contre Me. Duperrier, Procureur du ſieur Laurent le Long, Maître Chandelier à Paris, Défendeur aux Requêtes & Exploit des 25 Février & 7 Mars susdit, & incidemment Demandeur suivant ses moyens & défenses du 28 dudit mois d'Avril, & encore Défendeur à notre Sentence qui ordonne qu'il en sera délibéré en nos mains. Parties ouïes, sans que les qualités puissent nuire ni préjudicier, NOUS, après qu'il en a été délibéré sur les pièces & dossiers des Parties, disons que les Statuts de la Communauté des Maîtres Potiers de Terre, notamment l'Article XVII. desdits Statut, les Arrêts & Réglemens concernants ladite Communauté, seront exécutés selon leur forme & teneur, en conséquence sans avoir égard à la demande de la Partie de Duperrier, déclarons la saisie sur elle faite à la Requête des Parties de Bourdin, par Procès-verbal du 7 Mars 1747, bonne & valable ; ce faisant ordonnons que les marchandises de Poteries y mentionnées seront & demeureront acquises &

confiſquées au profit deſdites Parties de Bourdin, à la repréſentation d'icelles le Gardien contraint par corps, quoi faiſant déchargé; condamnons ladite Partie de Duperrier, en dix livres de dommages intérêts & aux dépens; ſur le ſurplus de la demande avons mis les Parties hors de Cour; ce qui ſera exécuté, nonobſtant & ſans préjudice de l'appel, en témoin de ce nous avons fait ſceller ces Préſentes. Faites & données par Monſieur Berrier, Lieutenant Général de Police de la Ville de Paris, y tenant le Siége le Vendredi 12 Janvier 1748. Collationné. *Signé*, LAMBERT. Controllé. *Signé*, HERAN Et ſcellé.

*Signé*, SAUVAGE.

*Signifié, baillé copie, aux proteſtations de ſe pourvoir à Me. Duperrier, Procureur à domicile, ce 17 Janvier 1748.*

Signé, TRISTAN.

# SENTENCE DE POLICE,

## ET

# ARREST DU PARLEMENT CONFIRMATIF.

*Portant défenses à Antoine Sandrin, Maître Chandelier à Paris, & à tous autres Chandeliers, d'entreprendre sur la Profession des Maîtres Potiers de Terre Carreleurs à Paris, de vendre aucunes marchandises de Poteries de terre & de grais; & pour sa contravention le condamne en 50 liv. de dommages & intérêts, en l'amende & aux dépens.*

Du 14 Juin 1748.

A Tous ceux qui ces présentes Lettres verront, Gabriel-Jerôme de Bullion, Prevôt de Paris; Salut : Sçavoir faisons, que sur la Requête faite en jugement devant Nous à l'Audience de la Chambre de Police du Châtelet de Paris,

Paris, par Me. Bourdin, Procureur des Jurés de présent en Charge de la Communauté des Maîtres Potiers de Terre & Carleurs à Paris, Demandeurs, suivant & aux fins de leur Requête à Nous présentée le 3 Février dernier, & de leur Exploit fait par Lambert, Huissier à Verge, le 6 Mars dernier, controllé le même jour par Messonnyer, & présenté le 12 par Bellissen, tendante à ce que la Saisie faite sur le ci-après nommé, fût déclarée bonne & valable, & autres fins y contenues, avec dépens, assisté de Me Thiebart: contre Me Huart, Procureur du Sieur Antoine Sandrin, Maître Chandellier à Paris, Défendeur audit Exploit & Défaillant. Oüi ledit Me Thiebart en son Plaidoyer, & par vertu du défaut de Nous donné contre ledit Maître Huart, non comparant ni autre pour lui dûement appellé. Vû l'avenir, à ce jourd'hui, NOUS DISONS, que les Statuts & Réglemens de la Communauté des Maîtres Potiers de Terre, seront exécutés ſelon leur forme & teneur; défendons au Défaillant de plus entreprendre à l'avenir ſur la Profeſſion des Parties de Thiebart, & pour ſa contravention, avons la Saiſie faite déclarée bonne & valable, & les marchandiſes confiſquées; condamnons le Défaillant en 50 livres de dommages & intérêts, 6 livres d'amende, & aux dépens, ce qui ſera exécuté nonobſtant & ſans préjudice de l'appel, & ſoit ſignifiée. En témoin de quoi, Nous avons fait ſceller ces Préſentes, qui furent faites & données par M. Bertler, Lieutenant Général de Police, tenant le Siége, le Vendredi quatorze Juin mil ſept cens quarante-huit. Collationné.

*Signé*, LAFONTAINE.

*Scellé.* Signé, *SAUVAGE. Controllé.* Signé, *HERAN. Signifié, baillé Copie à M. HUART, Procureur à domicile le* 26 *Juin* 1748. Signé, *PIQUE.*

# ARREST

## DE LA COUR DU PARLEMENT.

### Du 4 Décembre 1748.

ENTRE Antoine Sandrin, Maître Chandellier à Paris, Appellant de deux Sentences de Police du Châtelet de Paris, rendues les 17 Mai & 14 Juin dernier d'une part, & les Jurés, Corps & Communauté des Maîtres Potiers de Terre & Carleurs de la Ville & Fauxbourgs de Paris, Intimés, d'autre part; après que Doulcet, Avocat d'Antoine Sandrin, & du Pouchel, Avocat de la Communauté des Maîtres Potiers de Terre & Carleurs de Paris, ont été oüis; ensemble, Joly de Fleury pour le Procureur Général du Roy: LA COUR faisant droit sur l'appel, a mis & met l'appellation au néant; ordonne que les Sentences de Police dont est appel, sortiront leur plein & entier effet, condamne la Partie de Doulcet en l'amende de 12 livres, & aux dépens des causes d'appel. Fait en Parlement le quatre Décembre mil sept cens quarante-huit. Collationné. *Signés*, SEIGNEUR & DUFRANC.

*Signifié le* 11 *Décembre* 1748. *à M*[e] DUFRESNE, *Procureur à domicile*. Signé, *LUDOT*.

# ARREST DU CONSEIL D'ESTAT DU ROY,

*Portant Réglement pour l'Administration des Deniers communs de la Communauté des Maîtres Potiers de Terre, & pour la reddition des Comptes de Jurande.*

## Du 15 Octobre 1748.

*Extrait des Registres du Conseil d'Etat.*

VEu par le Roy en son Conseil l'Arrest rendu en icelui le 24 Juin 1747, par lequel Sa Majesté auroit ordonné que dans un mois, à compter de la notification qui seroit faite dudit Arrest à chacune des Communautés d'Arts & Métiers de la Ville & Fauxbourgs de Paris, en leur Bureau, les Syndics & Jurés de chacune d'icelles seroient tenus de remettre entre les mains du Sieur

Berryer, Procureur Général de la Commiſſion établie pour la liquidation des dettes & la reviſion des Comptes deſdites Communautés, un Etat, tant de leurs revenus, que de leurs dettes & dépenſes annuelles, pour, leſdits Etats vûs & examinés, être par Sa Majeſté pourvû de tel Réglement qu'il appartiendra. Vû auſſi les Etats de Recette & Dépenſe produits par les Jurés & Anciens de la Communauté des Maîtres Potiers de Terre - Carleurs à Paris. Tout conſidéré : Oüi le Rapport du Sieur de Machault, Conſeiller ordinaire au Conſeil Royal, Controlleur Général des Finances ; SA MAJESTÉ E'TANT EN SON CONSEIL, a ordonné & ordonne :

ARTICLE PREMIER.

QUE tout Juré, Syndic ou Receveur Comptable, entrant en Charge dans la Communauté des Maîtres Potiers de

Terre ſera tenu d'avoir un Regiſtre journal, qui ſera coté & paraphé par le Sieur Lieutenant Général de Police à Paris, dans lequel il écrira de ſuite & ſans aucun blanc ni interligne, les Recettes & Dépenſes qu'il fera, au fur & à meſure qu'elles ſeront faites, ſans aucun délai ni remiſe, mettant d'abord la ſomme reçue ou dépenſée en touttes lettres, & la tirant enſuite à la colonne des chiffres, & aura ſoin, à la fin de chaque page, de faire l'addition de tous les articles de chaque colonne, dont il rapportera le montant à la tête de la page ſuivante.

II.

DANS le cas où le Juré, Syndic ou Receveur Comptable ſortant d'exercice, ſe trouveroit reliquataire envers ſa Communauté par l'arrêté de ſon Compte, le Juré ou Receveur Comptable ſon ſucceſſeur, ſera tenu de pourſuivre le payement dudit débet par toutes voyes dûes & raiſonnables, & de juſtifier deſdites pourſuites par Pieces & Procédures, ſuppoſé qu'il ne puiſſe en faire le recouvrement, à peine d'en répondre en ſon propre & privé nom, & d'être forcé du montant dudit débet dans la Recette de ſon Compte.

III.

Le produit des confiſcations & amendes prononcées au profit de la Communauté, ſera employé dans la Recette des Comptes, & juſtifié par le rapport des Sentences & Arreſts qui les auront prononcées; & au cas que le recouvrement deſdites amendes ne puiſſe être fait par l'inſolvabilité de ceux qui y ſeront condamnés, ledit Comptable en fera repriſe qui lui ſera allouée en juſtifiant de ſes Dépenſes. N'entendant Sa Majeſté interdire les voyes d'accommodement à l'amiable entre les Parties, pourvû toutefois que leſdits accommodemens ſoient autoriſés par le Sieur Lieutenant Général de Police, auquel cas le Comptable ſera tenu d'en rapporter la preuve par écrit.

I V.

Il ne pourra être employé aucuns deniers de la Communauté pour les dépenſes de la Confrairie, de quelque nature qu'elles puiſſent être, au moyen de quoi la Recette & la Dépenſe concernant ladite Confrairie, ne pourra entrer dans les comptes de ladite Communauté, ſauf aux Maîtres de Confrairie, ou à ceux à qui l'adminiſtration en eſt confiée, à rendre un compte particulier à la Communauté de ce qu'ils auront reçu & dépenſé pour raiſon de leur exercice, ſans que ledit compte puiſſe être cumulé avec celui des deniers de la Communauté, ni en faire partie.

V.

Ne pourront les Jurés délivrer aucunes Lettres ou Certificats d'Apprentiſſage ou de réception à la Maîtriſe, qu'au préalable ils n'ayent perçu en deniers comptans les droits attribués à la Communauté pour raiſon deſdits Brevets ou Réceptions, ſans qu'il leur ſoit permis de faire aucune modération, remiſe ni crédit deſdits droits, à peine d'en répondre en leur propre & privé nom.

V I.

Ne pourront pareillement leſdits Syndics, Jurés ou Receveurs, ſe charger en recette dans leurs comptes, des droits qui leur ſont perſonnellement attribués, ainſi qu'aux anciens, ſur les Réceptions des Maîtres ou confections de chef-d'œuvres, & les cumuler avec les droits appartenans à la Communauté, pour les porter enſuite en dépenſe ou repriſe, mais ils ſe chargeront ſeulement en recette des deniers de la Communauté.

V I I.

Il ſera fait tous les ans par les Jurés & anciens de la Communauté, un Role de tous les Maîtres & Veuves, diviſé en trois claſſes; la premiere, contenant les Maîtres & Veuves qui tiendront Boutique lors de la confection dudit Rolle, & qui ſeront en état de payer les droits de visite ; la seconde, contenant les fils de Maître reçus à la Maîtrise, & qui demeurent chez leur pere ou chez d'autres Maîtres, en qualité de Garçons de Boutique ou Compagnons ; & la troisiéme, contenant les noms de ceux qui seront réputés hors d'état de payer lesdits droits, ou à qui il conviendra d'en faire remise d'une partie, lequel Rolle sera remis tous les ans entre les mains du Juré Comptable qui entrera en Charge, après avoir été affirmé par tous les autres Jurés & Anciens: Et sera tenu ledit Juré comptable de tenir compte à la Communauté du montant de la premiere classe, à moins qu'il ne justifie du décès des Maîtres arrivé pendant son année de Comptabilité, par un état signé de tous les Jurés & de quatre Anciens, & de compter pareillement des sommes qu'il aura pû recouvrer sur les Maîtres de la troisiéme classe, le montant desquelles sera alloué dans la recette de son compte, sur le Certificat des Jurés en Charge.

VIII.

Ne pourront les Jurés faire aucun emprunt, même par voye de reconstitution, sans l'approbation par écrit du Sieur Lieutenant Général de Police.

IX.

Les frais de Saisie ne seront alloués dans la dépense des comptes, qu'en représentant les Procès-verbaux dressés à l'occasion desdites saisies, les quittances des sommes qui auront été payées aux Officiers de Justice pour leurs vacations & droit d'assistance, & en justifiant par les Comptables de l'évenement desdites saisies, à peine de radiation: Et dans le cas où lesdits Procès-verbaux seroient produits dans quelques Instances, ensorte que le Comptable ne pût les représenter, il sera tenu d'y suppléer par des Copies certifiées de l'Avocat ou du Procureur chargé de l'Instance.

X.

Ne pourront les Jurés interjetter appel des Sentences du Châtelet, soit pour fait de saisie ou autres cas tels qu'ils puissent être, sans s'être fait préalablement autoriser par une délibération expresse de la Communauté convoquée à cet effet, à peine de radiation de tous les frais qu'auroient occasionnés lesdits appels.

## X I.

Les à-comptes qui pourront être payés aux Procureurs ou autres Officiers de Justice sur les frais des Procès existans, ne seront alloués que sur le vû des Mémoires & Quittances détaillées qui fassent connoître la nature des affaires & les Tribunaux où elles seront pendantes ; & lorsque lesdits Procès seront terminés, le Juré Comptable qui fera le dernier payement aux Procureurs ou autres Officiers de Justice, sera tenu de faire énoncer dans la quittance finale qui lui sera délivrée, les sommes qui auront été payées à compte sur lesdits frais, avec la datte des payemens, & les noms de ceux par qui ils ont été faits,

& de rapporter toutes les Pieces dudit Procès ; quant aux frais de consultations, aux honoraires d'Avocats, à ceux des Secretaires des Rapporteurs & autres de cette nature qui ne peuvent être justifiés par des quittances, il y sera suppléé par des Mandemens ou Certificats signés de tous les Jurés & de six Anciens au moins, à peine de radiation.

XII.

Les frais de Bureau, consistans dans le loyer du Bureau d'Assemblée, les gages du Clerc, la fourniture de bois, chandelles, papiers, plumes, cire, encre, impression & autres menues dépenses, seront détaillés & justifiés par des Quittances, ou par des Mandemens signés des Jurés & de six Anciens, & ne pourront, sous quelque prétexte que ce soit, exceder la somme de 260 livres.

XIII.

Ne pourront les Jurés, conformément à l'Article V. du présent Réglement, porter dans la dépenſe de leurs comptes aucuns droits ni attributions ſur les Réceptions des Maîtres.

X I V.

Les frais de caroſſes & ſollicitations ne ſeront alloués dans la dépenſe des comptes, que lorſqu'ils auront été faits dans des cas urgens & indiſpenſables, & qu'ils ſe trouveront détaillés & juſtifiés par des Mandemens ou Certificats ſignés de tous les Jurés & de ſix Anciens au moins, & ne pourront exceder la ſomme de 20 livres.

X V.

Les étrennes & autres faux-frais ne ſeront pareillement alloués, qu'autant qu'ils ſeront détaillés & juſtifiés par des Mandemens ou Certificats tels que ceux énoncés dans l'Article ci-deſſus, & ne pourront exceder la ſomme de 20 livres.

X V I.

Les Jurés ſortant de Charge ſeront tenus de préſenter leurs comptes à la fin de leur exercice, aux Jurés en Charge, & aux anciens Auditeurs & Examinateurs nommés ſuivant l'uſage, à l'effet d'être leſdits comptes par eux vûs, examinés & contredits ſi le cas y échet, & arrêtés en la maniere accoûtumée, au plus tard trois mois après l'exercice du Comptable fini, & ce nonobſtant tous uſages, diſpoſitions de Statuts ou autres Réglemens à ce contraires, auſquels Sa Majeſté a dérogé & déroge expreſſément par le préſent Arreſt : Et ſeront leſdits Comptes, enſemble les Pieces juſtificatives remis aux Jurés en Charge, qui ſeront tenus de leur part de les remettre dans un mois au plus tard au Greffe du Bureau de la reviſion, pour être procedé à ladite reviſion, après laquelle leſdits Comptes & Pieces ſeront rendus auſdits Jurés en Charge, pour les dépoſer dans leurs archives.

XVII.

DANS le cas où le Comptable ſeroit réputé en avance par l'arrêté de la Communauté, il ne pourra cependant être rembourſé

remboursé par son successeur, qu'après la revision de son Compte, & que lesdites avances auront été constatées & arrêtées par les Sieurs Commissaires du Conseil à ce députés, à peine contre le Syndic, Juré ou Receveur qui auroit fait ledit remboursement, d'en répondre en son propre & privé nom.

XVIII.

Et d'autant qu'il pourroit se trouver des Syndics ou Jurés qui ne seroient pas en état de dresser & transcrire eux-mêmes leurs Comptes en la forme & maniere qu'ils doivent être, sans le secours de personnes capables à qui il est juste d'accorder un salaire raisonnable; permet Sa Majesté à chacun desdits Comptables d'employer chaque année dans la dépense de son Compte la somme de 18 livres pour la façon & expédition d'icelui.

XIX.

Enjoint Sa Majesté aux Sieurs Commissaires du Bureau établi pour la liquidation des dettes des Corps & Communautés & revision de leurs Comptes, & au Sr Lieutenant Général de Police, de tenir la main, chacun en droit soi, à l'exécution du présent Réglement, qui sera enregistré à ladite Commission, & transcrit sur le Registre de la Communauté des Potiers de Terre, pour être exécuté suivant sa forme & teneur. FAIT au Conseil d'Etat du Roy, Sa Majesté y étant, tenu à Fontainebleau le 15 Octobre mil sept cens quarante-huit.

*Signé*, PHELYPEAUX.

*Enregistré au Greffe en exécution du Jugement du* 10 *Janvier* 1749.

Signé, DE SOUCANYE.

# SENTENCE DE POLICE,

SERVANT de Réglement pour l'Election des Jurés, & les Assemblées.

*Du 13 Janvier 1751.*

A Tous ceux qui ces présentes Lettres verront, GABRIEL-JEROSME DE BULLION, Chevalier, Comte d'Esclimont, Maréchal des Camps & Armées du Roy, Prévôt de Paris; SALUT. Sçavoir faisons, que vû par Nous NICOLAS-RENE' BERRYER, Chevalier, Conseiller d'Etat, Lieutenant Général de Police de la Ville, Prévôté & Vicomté de Paris, la Requête à Nous présentée par JACQUES BOUDIN, LOUIS LAFFINEUR, NICOLAS FONTAINE, GERMAIN BOUTET, tous quatre Jurés en Charge de la Communauté des Maîtres Potiers de Terre-Carleurs à Paris, expositive, que jusqu'à présent, l'usage établi dans leur Communauté, a été d'assembler tous les Maîtres d'icelle, tant anciens que modernes, & les jeunes, lorsqu'il étoit question soit de faire des Jurés, soit de régler les différentes affaires de leur Communauté; mais qu'ayant considéré que la multitude des Maîtres entraînoit nécessairement après elle une confusion toujours préjudiciable à l'intérêt de ladite Communauté; que dans la vûe d'établir le bon ordre & la tranquillité, ils avoient dans une Assemblée générale de ladite Communauté convoquée à cet effet, & tenue en leur Bureau le Mercredi 30 Septembre dernier, proposé les moyens qui leur avoient paru convenables, lesquels ayant été adoptés par l'Assemblée, il en fut dressé un Acte en forme de Délibération sur le Registre des Délibérations de ladite Communauté, en datte dudit jour 30 Septembre dernier, portant qu'à l'avenir, lors de l'Election des Jurés, & dans les Assemblées qui seroient convoquées, pour délibérer des affaires de ladite Communanté, il n'y seroit appellé que les anciens, dix modernes & dix jeunes Maîtres seulement; & que ce qui seroit par eux décidé vaudroit autant que si ladite Communauté étoit généralement assemblée: Et que lesdits anciens, modernes & jeunes Maîtres seront tenus de se trouver ausdites Elections & Assemblées, à peine de 4 livres d'amende applicable au profit de la Confrairie de ladite Communauté, si ce n'est en cas d'absence ou légitime empêchement; qu'encore que cette Délibération fût comme dit est, inscrite sur le Registre de ladite Communauté, & signée de la plus grande partie des Maîtres d'icelle, elle ne pouvoit néanmoins avoir d'exécution, si elle n'étoit de nous homologuée; & c'est aussi à quoi tendent les conclusions de ladite Requête, signée Bourdin, Procureur, au bas de laquelle est notre Ordonnance du 12 Décembre de soit montré au Procureur du Roy.

Vû aussi Copie de ladite Délibération extraite dudit Registre, certifiée & signée par les Supplians; & faisant mention que l'Original a été controllé à Paris, le 23 Novembre dernier par la Croix, ensemble les Conclusions du Procureur du Roy, Nous, de son consentement, avons homologué & homologuons ladite Délibération du 30 Septembre 1750, pour être exécutée selon sa forme & teneur, dans la Communauté des Maîtres Potiers de Terre de cette Ville & Fauxbourgs de Paris; ce qui sera exécuté nonobstant & sans préjudice de l'appel: En témoin de ce, Nous avons fait sceller ces Présentes. Ce fut fait & donné par Nous Juges susdit le 13 Janvier mil sept cens cinquante-un. Collationné. *Signé*, LA FONTAINE, VIMONT.

*Scellé le* 18 *Janvier* 1751. *Reçu trente sols.* Signé, *SAUVAGE.*

# SENTENCE DE POLICE,

*Qui ordonne, que tous les Maîtres & Veuves de la Communauté des Maîtres Potiers de Terre-Carleurs à Paris, payeront trente sols chaque année pour le droit de Confrairie de ladite Communauté.*

## Du 10 Février 1751.

A Tous ceux qui ces présentes Lettres verront, GABLIEL - JEROSME DE BULLION, Chevalier, Comte d'Esclimont, Maréchal des Camps & Armées du Roy, Prévôt de Paris; SALUT. Sçavoir faisons, que vû la Requête à Nous présentée par Louis Laffineur, Nicolas Fontaine, Jacques Boudin, Germain Boutet, tous quatre Jurés en Charge de la Communauté des M^tres Potiers de Terre - Carleurs à Paris, expositive que depuis nombre d'années, leurs prédecesseurs, Jurés de leurdite Communauté, avoient négligé de percevoir de chaque Maître & Veuve de Maître, ainsi qu'il étoit de coûtume en ladite Communauté, trente sols par chacun an par eux dûs pour les frais de Confrairie, lesquels frais lesdits précédens Jurés avoient pris sur les deniers & revenus de ladite Communauté, & au grand préjudice d'icelle, attendu que lesdits deniers & revenus sont destinés à d'autres usages ; mais que pour rétablir l'ancien usage, il fut en l'année 1748. le 29 Août, convoqué une Assemblée générale des Maîtres de ladite Communauté ; & quoique plusieurs d'entr'eux prétendissent se faire un moyen de la négligence des précédens Jurés, pour refuser le payement dudit droit de Confrairie ; néanmoins il fut ledit jour dressé une Délibération inscrite sur le Registre de la Communauté, par laquelle les Jurés en Charge & leurs successeurs sont autorisés lors de chacune des quatre visites qu'ils font annuellement, aux termes des Statuts de ladite Communauté, chez les Maîtres & Veuves de Maîtres, de percevoir de chacun d'eux, ainsi qu'ils s'y sont soumis, en sus du droit de visite, sept sols six deniers, ce qui formera par année leurs trente sols montant dudit droit de Confrairie, & faute de payement dudit droit, lesdits Jurés sont autorisés à faire les poursuites nécessaires contre les Refusans, pour les deniers provenans dudit droit être employés à subvenir aux frais & dépenses ordinaires des services de la Confrairie de la Communauté, à la charge par lesdits Jurés, après le décès des Maîtres & Veuves de Maîtres qui auront payé ledit droit, de faire dire un Service pour le repos de leur ame. Et que comme cette Délibértion ne peut avoir d'exécution, sans être de Nous homologuée, ladite Requête tend à ce qu'il Nous plaise en effet l'homologuer, pour être exécutée selon sa forme & teneur, & ordonner que notre Sentence seroit lûe, publiée, imprimée & affichée par tout où besoin seroit, ladite Requête signée Bourdin, Procureur, au bas de laquelle est notre Ordonnance de soit montrée au Procureur du Roy du 16 Janvier dernier. Vû aussi Copie de ladite Délibération extraite du Registre de ladite Communauté, certifiée & signée par les Supplians, & faisant mention que l'Original est controllé à Paris le 4 Décembre dernier par de la Croix; ensemble les Conclusions du Procureur du Roy du 8 de ce mois, tout considéré: Nous, ce consentant le Procureur du Roy, DISONS, que la Délibération du 29 Août 1748, prise en la Communauté des Maîtres Potiers de Terre-Carleurs de cette Ville, au sujet du payement & perception du droit de Confrairie de ladite Communauté, sera exécuté selon sa forme & teneur; & en conséquence, les Supplians & leurs successeurs Jurés de ladite Communauté autorisés à percevoir par chacun an de chaque Maître & Veuve de Maître de ladite Communauté, la ſomme de trente ſols pour droit de Confrairie, payable à raiſon de ſept ſols ſix deniers, lors de chacune des quatre viſites que font annuellement leſdits Jurés chez leſdits Maîtres & Veuves de Maîtres de ladite Communauté, à la charge par leſdits Jurés d'employer les deniers provenans dudit droit aux frais & dépenſes ordinaires des Services de la Confrairie, & de ſatisfaire au ſurplus des conditions portées en ladite Délibération. Et ſera notre préſente Sentence exécutée nonobſtant & ſans préjudice de l'appel, enregiſtrée ſur le Regiſtre de la Communauté, & imprimée, lûe, publiée & affichée dans le Bureau d'icelle, & par tout où beſoin ſera: Ordonnons en outre qu'il en ſera diſtribué un Exemplaire imprimé à chaque Maître & Veuve de Maître de ladite Communauté. En témoin de ce, Nous avons fait ſceller ces Préſentes. Ce fut fait &

donné par Messire Nicolas-René Berryer, Chevalier, Conseiller d'Etat, Lieutenant Général de Police au Châtelet de Paris, le 10 Février mil sept cens cinquante-un. Collationné.

*Signés* VIMONT & LA FONTAINE.

*Scellé le* 18 *Février* 1751. *Reçu trente sols.* Signé, *SAUVAGE.*

## SENTENCE DE POLICE

*QUI déclare valable la Saisie des Marchandises de Poteries & Grais faite sur le Sieur Breton, Marchand Epicier, avec confiscation de la moitié de la Marchandise & dépens, au profit de la Communauté des Maîtres Potiers de Terre.*

Du 21 Janvier 1752.

A TOUS ceux qui ces présentes Lettres verront, GABRIEL-JEROSME DE BULLION, Chevalier, Comte d'Esclimont, Prévôt de Paris; SALUT. Sçavoir faiſons, que ſur la Requête faite en Jugement devant Nous à l'Audience de la Chambre de Police du Châtelet de Paris par Me Bourdin, Procureur des Jurés en Charge de la Communauté des Maîtres Potiers de Terre, Demandeurs aux fins de l'Exploit du 27 Août dernier fait par Lambert, Huiſſier à Verge en cette Cour, controllé le 28 par Duclos, & préſenté par Bidault à fin de validiré de ſaiſie & autres fins y portées, avec dépens, aſſiſtés de Me Thiebart, Avocat, contre Me Allix, Procureur du Sieur Breton, Marchand Epicier à Paris, & Noël Vaudran ſa femme, ſe diſante de lui ſéparée quant aux biens, Défendeurs audit Exploit, aſſiſtés de Me de la Broſſe, Avocat. Parties oüies, ſans que les qualités puiſſent nuire ni préjudicier, Nous avons la Saiſie déclarée valable; en conſéquence DISONS, que les Marchandiſes de Poterie ſaiſies & contenues aux Procès-verbaux tant du Commiſſaire Machurin, que de l'Huissier, seront vendues, & la moitié du prix en provenant, confisquée au profit de ladite Communauté, & l'autre moitié rendue aux Parties de de la Brosse, par grace & sans tirer à conséquence, à la représentation desquelles Marchandises le Gardien contraint; quoi faisant déchargé, condamne la Partie de de la Brosse aux dépens, ce qui sera exécuté nonobstant & sans préjudice de l'appel. En témoin de ce, Nous avons fait sceller ces Présentes. Ce fut fait & donné par M. le Lientenant Général de Police au Châtelet de Paris, tenant le Siége, le Vendredi vingt-un Janvier mil sept cens cinquante-deux. Collationné. *Signé*, LA FONTAINE.

*Scellé le 28 Janvier* 1752. *Reçu trente sols.* Signé, *SAUVAGE.*

*Signifié, baillé Copie à Me Alix l'aîné, Procureur à domicile, le* 31 *Janvier* 1752.
Signé, *DESMARES.*

# SENTENCE,

## Contre le Sieur Jean Arragon, Marchand Thuillier à Massy.

### Du 7 Juillet 1752.

A Tous ceux qui ces présentes Lettres verront, Gabriel-Jerosme de Bullion, Chevalier, Comte d'Esclimont, Prévôt de Paris; Salut. Sçavoir faisons, que sur la Requête faite en Jugement devant Nous à l'Audience de la Chambre de Police du Châtelet de Paris, par Me Bourdin, Procureur des Jurés en Charge de la Communauté des Maîtres Potiers de Terre de la Ville & Fauxbourgs de Paris, Demandeurs aux fins de leur Requête à Nous présentée le 19 Septembre 1751, dûement scellée le 5 Octobre suivant par Berthel, de leur Exploit du 15 Décembre suivant, fait par Lambert, Huissier à

Verge en cette Cour, controllé le 16 par Duclos, & présenté le 14 Janvier suivant par Trahan, tendante à fin de validité de Saisie faite à leur requête sur le Sieur Arragon ci-après nommé, de quatre mille huit cens carreaux, lesquels demeureront confisqués au profit de ladite Communauté, aux dommages-intérêts, & que la Sentence qui interviendra sera lûe, publiée & affichée par tout où besoin sera, & autres fins y contenues, avec dépens, encore Demandeurs aux fins de leur Requête à Nous présentée le 14 Novembre 1750, dûement scellée, de leur Exploit du 17 Février suivant, fait par ledit Lambert, controllé le 19 par de la Fleutrie, & présenté le 28 Mai suivant par Carlier, tendante à fin de validité d'une autre Saisie faite à leur requête sur ledit Arragon, de dix-neuf cens cinquante trois carreaux, lesquels demeureront confisqués au profit de ladite Communauté, aux dommages-intérêts, & que la Sentence

tence qui interviendroit seroit lûe, publiée & affichée, & autres fins y contenues, avec dépens, Défendeurs à la Requête verbale du 3 Mars 1751, contre M^e. Oudin, Procureur du Sieur Arragon, Marchand Thuillier à Massy, Défendeur aux Requête & Exploit, & Demandeur aux fins de ladite Requête verbale. Parties oüies, sans que les qualités puissent nuire ni préjudicier : NOUS DISONS, que les Statuts, Arrests, Sentences & Réglemens de la Communauté des Parties de Bourdin seront exécutés selon leur forme & teneur ; en conséquence, avons les Saisies déclarées bonnes & valables ; Disons que les choses saisies demeureront acquises & confisquées au profit de la Communauté des Parties de Bourdin ; & attendu qu'il s'agit d'une récidive de la part de la Partie d'Oudin, le condamnons en outre en 10 livres d'amende ; lui faisons défenses de récidiver, sous plus grande peine ; Permettons aux Parties de Bourdin de faire imprimer, lire, publier & afficher notre Sentence, aux frais & dépens de la Partie d'Oudin, que Nous condamnons en tous les dépens. Ce qui sera exécuté nonobstant & sans préjudice de l'appel. En témoin de ce, Nous avons fait sceller ces Présentes, faites & données par Messire M$^{e}$ Moreau, premier Avocat du Roy au Châtelet de Paris, & prononcées par Messire Nicolas-René Berryer, Chevalier, Conseiller d'Etat, Lieutenant Général de Police audit Châtelet, tenant le Siége le sept Juillet mil sept cens cinquante-deux. *Signé*, LAMBERT. Et scellé le 10 Juillet 1752. *Signé*, SAUVAGE.

*Signifiée par Jobert à M$^{e}$ Oudin, Procureur à domicile, le 14 Juillet 1752.*

# SENTENCE DE POLICE,

*QUI déclare valable la saisie de deux Voitures de Creusets, faite sur les nommés Lamarre & le Febvre Marchands Forains, qu'ils faisoient décharger chez le Sieur le Maître Marchand Mercier, sans les avoir conduit sur le Carreau de la Halle pour être visités par les Jurés, & les confisque au profit de la Communauté; & condamne ledit le Febvre & Lamarre en 20 livres de dommages & intérêts & aux dépens solidairement avec ledit sieur le Maître.*

Du 10 Mars 1752.

A Tous ceux qui ces présentes Lettres verront, GABRIEL-JEROSME DE BULLION, Chevalier, Comte d'Esclimont, Prevôt de Paris; SALUT. Sçavoir faisons, que sur la Requête faite en jugement devant Nous à l'Audience de la Chambre de Police du Châtelet de Paris, par Me. Bourdin, Procureur des Jurés en Charge de la Communauté des Maîtres Pottiers de Terre, Demandeurs aux fins de la Requête à Nous présentée le 19 Septembre 1750. aux fins de notre Ordonnance de réferé du 29 Octobre suivant, & aux fins de leurs Procès-verbaux de saisie dudit jour, faite par Lambert Huissier à Verge en cette Cour, sur les sieurs Lamarre & le Febvre, Demandeurs aux fins de leur Exploit du même jour; controllé ledit jour par Duclos, & présenté le 2 Décembre suivant par Moriceau, Défendeurs à la Requête verbale du 7 Novembre audit an, & opposant à l'exécution de notre Sentence du 20 dudit mois, suivant leur Requête verbale du 10 Décembre suivant, Demandeurs en exécution de notre Sentence du 29 Juillet 1751. contre Me.

Sourdeau, Procureur des ſieurs Lamarre & le Febvre Marchands de Creuſets, Aſſociés, demeurans à Fontenay en Beauvoiſis, Défendeurs aux Requêtes, Ordonnance, Exploit & Saiſie ſuſdattés de Me. Ragoulleau, Procureur du ſieur le Maître Marchand Mercier, Demandeur aux fins de ſa Requête verbale du 7 Novembre ſuſdattée, & en exécution de notre Sentence du 7 dudit mois, Défendeur à la Requête verbale d'oppoſition du 10 Décembre ſuivant; Parties oüies. Nous, ſans avoir égard à l'intervention de la Partie de Ragoulleau, ni à ſa réclamation, déclarons bonne & valable la ſaiſie faite ſur les parties de Sourdeau; Diſons que les Marchandiſes ſaiſies demeureront acquiſes & confiſquées au profit de la Communauté des parties de Bourdin; Condamnons les parties de Sourdeau en 20 livres de dommages & intérêts au profit de ladite Communauté, leſdites parties de Ragoulleau & de Sourdeau ſolidairement envers les parties de Bourdin aux dépens, qui demeureront compensés entr'elles, ce qui sera exécuté nonobstant & sans préjudice de l'appel. En témoin de ce Nous avons fait sceller ces Présentes : ce fut fait & donné par M. le Lieutenant Général de Police au Châtelet de Paris tenant le Siége le Vendredi 10 Mars 1752. *Signé*, LAMBERT. Collationné, MORISSET.

*Scellée le* 16 *Mars* 1752. *Signé*, *SAUVAGE*.

*Signifiée, baillé Copie à M.*es *SOURDEAU & RAGOULLEAU, Procureurs, à domicile, le* 21 *Mars* 1752. Signé, DE LA *HOGUE*.

# SENTENCE
# ET
# ARREST CONFIRMATIF,

*PORTANT permission aux Maîtres & Veuves de la Communauté, de tenir fabrique dans les Fauxbourgs, & une Boutique ouverte dans la Ville de Paris.*

## Des 16 Mai 1749. & 5 Août 1752

A Tous ceux qui ces présentes Lettres verront, GABRIEL-JEROSME DE BULLION, Chevalier, Comte d'Esclimont, Seigneur de Wideville & au-Lieux, Maréchal des Camps & Armées du Roy, son Conseiller en ses Conseils, Prévôt de Paris; SALUT. Sçavoir faisons, que sur la Requête faite en Jugement devant Nous à l'audience de la Chambre de Police du Châtelet de Paris, par

Me. Etienne-Joseph Deperey, Procureur de Touſſaint Prudhomme, Roch, Grégoire Riquet, Claude Jacob, Nicolas Bertrand, François Periac fils, Jean-Baptiſte Fillié l'aîné, Etienne Cartier, Simon Fillié le jeune, Jean-Baptiſte Engel, Marie-Anne Poullet, veuve de Jean-Simon Fillié & Veuve Laſſeré, tous Maîtres & Maîtreſſes Pottiers de Terre & Carreleurs à Paris, Défendeurs à la Requête préſentée à Monſieur le Lieutenant Général de Police le 8 Mars 1748. & Exploits faits en conſéquence par Lambert Huiſſier à Verge en cette Cour le 20 deſdits mois & an, préſentés au Greffe par de la Marre le 27 Avril audit an, & encore ledit Me. Duperey, Procureur de Jean Periac pere, Maître Pottier de Terre & Carreleur à Paris, ancien Juré & Doyen de ladite Communauté, François Gouin, Louis-Gilbert Fricotté, Pierre Horé pere, François Griſon, Claude Faucon l'aîné, François Palozier, Yves le Royny,

Jacques Belley, Jacques Boudin, Robert-Philippe Gabet, tous anciens Jurés de ladite Communauté, Claude Bougon, Jacques-François Toupiolle, la Veuve Goblet, Georges Gricourt, Pierre-François Brunesseau, François Barbier, René Vallet, Rieul Riquet, Nicolas Louette, Pierre Testard, Jean Duval, Jean-Baptiste Charbonnier, Remy-René Vibert, Pierre-Gentien la Mothe, Charles Connétable, Louis Griffeuil, Antoine Lienard, Nicolas Heurtault, Antoine Bloquet, Pierre-Louis-Philippe, dit la Rose, Jean Boucher, Jean-François Periac fils, René le Roux & Jacques Kropert, tous Maîtres & Maîtresses de ladite Communauté, intervenans, Demandeurs aux fins de leur Requête verbale d'intervention du 3 Mars 1748. Défendeurs aux fins de celle du 13 desdits mois & an; Me. Jean-Pierre Bourdin, Procureur de Richard Asselin, Nicolas Fontaine, Jean-Baptiste Fillié aussi Maîtres Pottiers de

Terre & Carreleurs à Paris, Jurés de présent en Charge de la Communauté, aussi Défendeurs aux Requêtes & Exploits des 8 & 20 Mai 1748. CONTRE Me. Louis Ollivier le jeune, Procureur de Jean Marquis, aussi Maître Pottier de Terre & Carreleur à Paris, & un des Jurés en Charge de ladite Communauté, Louis la Grange & Hutan l'aîné, Maîtres Pottiers de Terre & Carreleurs à Paris, anciens Jurés; Ducloux, Boutet, le Roy, Bourquin, Bras, Rousselin, Persenet, Audy, Rallée pere, Duval, Rallée fils, la Porte, Argou, Veuve Reverand, Hutan le jeune, Vallée Stoquelet, Favrin, Faucon le jeune & Cautrelle, tous aussi Maîtres & Maîtresses de ladite Communauté, Demandeurs aux fins desdites Requêtes & Exploits, Défendeurs aux fins de ladite Requête verbale d'intervention, & Demandeurs aux fins de leur Requête verbale dudit jour 13 Mai 1748. Parties ouiës. Lecture faite de leursdites pieces, sans que les qualités puissent nuire ni préjudicier. Nous, après qu'il en a été déliberé sur les pieces & dossiers des Parties, faisant droit sur leurs contestations, en ce qui concerne la demande à fin d'option, de laquelle Nous avons débouté les sieurs Marquis, l'un des Jurés, la Grange & Consorts; avons reçu les sieurs Periac, Doyen de la Communauté; Gouin & autres Anciens, modernes & jeunes Maîtres Parties intervenantes, ayant égard à leur intervention, avons maintenu & gardé les Maîtres Fabriquants de ladite Communauté, qui ont & auront leur Atelier & Magasin dans les extrêmités des Fauxbourgs de cette Ville, dans le droit & possession d'avoir, outre ledit Attelier, une Boutique dans Paris pour y débiter les Marchandises de leur profession. Condamnons ledit Marquis & Consors aux dépens envers lesdits Intervenans, en ce qui concerne la demande, à ce que les enfans de Maîtres qui sont nés Maîtres, ne pourront tenir

Boutique ouverte avant l'âge de dix-huit ans. Donnons Lettres aux ſieurs Aſſelin, Fontaine & Filié, Jurés en Charge, de leur conſentement, qu'il ſoit fait à leur Requête & diligence un Reglement à ce ſujet, en conſéquence diſons qu'il ſera convoqué une Aſſemblée générale de ladite Communauté, à l'effet d'en déliberer, pour ladite déliberation priſe être homologuée ſi faire ſe doit ſur les Concluſions du Procureur du Roy au Châtelet, en ce qui concerne la demande ſur le fait du Colportage, & à ce que les Apprentifs ne puiſſent être reçus Maîtres, qu'après avoir fait le tems d'apprentiſſage & Compagnonage, & fait Chef-d'œuvre. Ordonnons que les Statuts & Reglemens de ladite Communauté, ſeront exécutés ſelon leur forme & teneur; condamnons leſdits Marquis & Conſorts aux trois quarts des dépens, tant envers leſdits Aſſelin, Fontaine, & Filié Jurés, qu'envers les Sieurs Prudhomme & autres; l'autre quart compenſé, & ſur le ſurplus des demandes, fins & concluſions des Parties, les avons mis hors de Cour; ce qui ſera exécuté nonobſtant & ſans préjudice de l'appel. En témoin de ce, Nous avons fait ſceller ces Préſentes. Ce fut fait & donné par Meſſire Nicolas-René Berryer, Chevalier, Conſeiller du Roy en ſes Conſeils, Maître des Requêtes ordinaire de ſon Hôtel, Lieutenant Général de Police de la Ville, Prévôté & Vicomté de Paris, tenant le Siége le ſeize May mil ſept cent quarante-neuf. Collationné. *Signé* LAMBERT.

*Signifié & baillé Copie à* M[es] OLIVIER *&* BOURDIN *à domicile, le deux Juillet mil ſept cent quarante-neuf.* Signé, DESMARETS.

# ARREST DE LA COUR DU PARLEMENT,

*QUI confirme la Sentence du 16 May 1749. ci-dessus.*

Du 5 Août 1752.

*Extrait des Registres du Parlement.*

LOUIS, par la grace de Dieu, Roy de France & de Navarre, au premier notre Huissier ou Sergent sur ce requis ; Sçavoir faisons, qu'entre Pierre-Noël Bourquin, Nicolas-François le Roy, Pierre-Joseph Stoquelet, Joseph Duclou, Jean Marquis, Jean-Baptiste Audy, Jacques Persenet, Pottiers de Terre & Carreleurs à Paris, Appellans de Sentence de Police de Paris du 16 Mai 1749. d'une part, & Jean-Baptiste Fillié l'aîné, Simon Fillié le jeune, Claude Jacob, la Veuve Laseré, Grégoire Riquet, Intimés d'autre part : & entre Robert-Philippes Gabet, Louis-Gilbert Fricotté, Pierre Horé fils, François Gouin, François Periac, Yves le Royny, Claude Faucon, Louis le Begue, Jean Duval, Rieul Riquet, Guillaume Delattre, Pierre Brunesseau, Jean-Baptiste-Noël Heurtault, Nicolas Heurtault, René Vallet, Jean-Baptiste Charbonnier, Jacques-François Toupiolle, Georges Gricourt, François Barbier, Jean Boucher, René-Remy Vibert, Jean-François Periac, Renault Jacques Herelle ; tous Maîtres Pottiers de Terre à Paris, Intervenans, & Demandeurs aux fins de leur Requête du 10 Mai 1752. d'une part ; & ledit Bourquin & Consorts Défendeurs aussi d'autre part, & entre ledit Bourquin & Consorts Demandeurs en Requête du 29 dudit mois de May, tendante à ce que l'appellation & la Sentence dont ils sont Appellans, soient mis au néant, & qu'il fût ordonné que l'article 13 des Statuts de la Communauté, seroit exécutée selon sa forme & teneur, en conséquence que défenses seroient faites à tous Maîtres Pottiers de Terre actuellement fabriquans à Paris, ou qui fabriqueront dans la suite, de tenir, soit dans la Ville ou dans les Fauxbourgs, une Boutique, pour y débiter les Marchandises par eux fabriquées, autres que les lieux de leurs Atteliers & Fabrique, à peine d'amende suivant lesdits Statuts, applicable à la Confrairie de la Communauté & de tous dépens, dommages & intérêts; ordonner que lesdits Fabriquans, qui ont actuellement Boutique, soit dans la Ville, soit dans les Fauxbourgs, autres que leurs Atteliers, & Fabriques, où ils débitent les Marchandises, Pots fabriqués; ce qu'ils seroient tenus de faire dans quinzaine, à compter du jour de la signification de l'Arrêt qui interviendroit. Ladite Sentence au résidu, sortissant son plein & entier effet, & que les Intimés & intervenans soient condamnés aux dépens, d'une d'une part, & ledit Jean-Baptiſte Fillié & Conſorts, Défendeurs d'autre part; & entre Françoiſe Gillet Veuve Reverend, Maîtreſſe Pottiere de Terre à Paris, Intervenante & Demandereſſe aux fins de ſa Requête du 21 Juin dernier, tendante aux fins y contenues d'une part, & ledit Jean-Baptiſte Fillié & Conſorts, Défendeurs d'autre part; & entre la Communauté des Maîtres Pottiers de Terre & Carreleurs de la Ville & Fauxbourgs de Paris, Intervenante & Demandereſſe en Requête du 12 Juin 1752. tendante aux fins y contenues d'une part, & ledit Noël-Pierre Bourquin & Conſorts, Défendeurs d'autre part, après que Mallet, Avocat de Pierre-Noël Bourquin, Nicolas-François le Roy & Conſorts, Auvray, Avocat de la Communauté des Pottiers de Terre. & Deve, Avocat de Roch-Grégoire Riquet & Claude Jacob & Conſorts ont été oüies, enſemble Joly de Fleury pour notre Procureur Géné-

N

ral. NOTREDITE COUR reçoit les Intervenans parties intervenantes, au principal, faisant droit sur l'appel, a mis & met l'appellation au neant; ordonne que ce dont est appel sortiroit son plein & entier effet; condamne les Appellans en l'amende de 12 livres & en tous les dépens, même en ceux faits les uns à l'encontre des autres, sauf aux parties de Mallet à se pourvoir sur leurs nouvelles demandes, ainsi qu'elles aviseront bon être, défenses au contraire. Si mandons, mettre le présent Arrêt à dûe, pleine & entiere exécution, selon sa forme & teneur, de ce faire donnons à nosdits Huissiers tous pouvoirs requis & nécessaires. Donné en Notredite Cour de Parlement le cinq Août, l'an de grace mil sept cent cinquante-deux, & de notre Regne le trente-septiéme. Collationné. *Signé* LUTTON. Par la Grand'Chambre, *Signé*, DUFRANC.

*Le 28 Août 1752. signifié & baillé*

*& laissé Copie à Me. Dabaud, & Rouger de Chantilly, Procureurs en leurs domiciles, en parlant à leurs Clercs par nous Huissier au Parlement soussigné*, Signé, *Bassery, Huissier au Parlement.*

Le présent Arrêt a été obtenu à la poursuite & diligence des sieurs Nicolas Fontaine, Germain Boutet, Jacques Dufresnoy et Nicolas Louette, Jurés, Gardes de présent en Charge. Huguet.

*Les présens Statuts, Arrêts & Reglemens ont été distribués à tous les Maîtres assemblés au Bureau de ladite Communauté, sis rue des Arcis au petit Broc, le Vendredi premier Septembre 1752.*